JN291809

KSブックレット No.7

障害者自立支援法
緊急ブックレットシリーズ❷

きょうされん障害者自立支援法対策本部［編］

これだけは、知っておかなきゃ

新制度のあらましと応益負担への対応

ＫＳブックレットの刊行にあたって

ＫＳブックレットの第７号がここにできあがりました。ＫＳとは、本書の発行主体である、きょうされん（旧称；共同作業所全国連絡会）の「共同」と「作業所」の頭文字であるＫとＳを組み合わせたものです。

本シリーズは、障害分野に関わる幅広いテーマをわかりやすく企画し、障害のある人びとの就労と地域生活の実践や運動の進展に寄与することを目的に刊行しています。社会福祉・保健・医療・職業リハビリテーションに携わる人びとはもとより、多くの皆様にご愛読いただくことを願っております。

2006 年６月

きょうされん広報・出版委員会

はじめに

障害者自立支援法（以下、自立支援法）施行直前の二〇〇六年三月末、支援費制度を利用するすべての障害のある人とその家族のもとに、新しい『受給者証』が届きました。それを手にした多くの人たちは、受給者証に書かれた「利用者負担上限額」を目の当たりにして、改めて応益負担制度の凄まじさを実感させられました。なかには、抱き続けてきた不安が極限に達し、施設やホームヘルプなどの利用を止めてしまった人も少なくありません。

二〇〇六年三月末に、きょうされんが緊急に実施した施行直前の影響調査において、加盟法定施設・グループホーム五一七カ所（在籍者数一万二七四二人）中、一二四人の退所希望、二〇五人が退所を検討しているという実態が浮き彫りになりました。同種の調査が、全国社会就労センター協議会（セルプ協）や社団法人ゼンコロにおいても実施されていますが、きょうされんの調査以上に厳しい結果となっています。しかし、これらはなお予兆にすぎないのです。自立支援法の本格実施は、新たな福祉サービス体系（以下、新事業体系）への移行がスタートする二〇〇六年一〇月であり、その段階での矛盾の激化が気になります。すなわち、いっそうの「事業離れ」「施設離れ」が起こるのではということです。なんとしても、不本意な理由による「福祉サービスからの辞退」については、これを防いでいかなければなりません。

ところで、新制度に伴う負担に関わって、「高齢者も介護保険で負担をしているのだから、障害のある人も荷を分かちあうべきだ」、「負担を担うことによって、障害のある人も市民権が得られるのでは」、こんな意見を耳にすることがあります。少なくとも、今般の応益負担制度への切り替えについては、これらの意見はまったくの見当違いと言っていいのではないでしょうか。なぜならば、もともとの動機が「介護保険との統合ありき」や「利用抑制の効果的な手段」といった不純なもので、まさに厚生労働省（以下、厚労省）の政治的な意図以外の何ものでもなかったのです。さらに、もっと重大な問題は、そもそも障害に起因する不都合や不利益をたとえ一割とは言え、本人や家族のせいにしていいのかということです。食事や排泄、移動など、こうした生命維持に関わる支えすら「益」ととらえるのが応益負担制度の考え方です。加えて、所得保障が未確立な状況下での負担増は、文字通りのダブルパンチということになります。また、働きながら負担金が課せられるというのも納得できません。

費用負担に関する私たちの立場は、はっきりしています。早い段階で応益負担制度を撤廃し、当面は元の応能負担の考え方に戻すべきです。

「障害者自立支援法シリーズ」第二弾となる本書は、新制度の概要と問題点、とくに、応益負担と減免制度、障害程度区分と新事業体系について解説しました。あまりの制度変更に、あるべき姿そのものがかすんでしまいそうです。また、「制度は活用するもの」「身をすぼめるようにして制度に合わすのはおかしい」などの視点を大切にしてきた私たちですが、どうかするとこうした視点も失いそうになります。厳然たる制度変更という事実にあって、どこまで利用者を守ることができるのかは厳しいものがありますが、少なくとも短絡的な迎合は避けなければなりません。まずは、新制度を正確に押さえることであり、その上でいかに当事者本位で運用していくか、拡大解釈を図っていくか、このことが問われるのです。本書が、利用者を守るための運用の一助となれば幸いです。先に発刊した『だから言わんこっちゃない』（経過編）、近々に発刊予定の『自立支援法と小規模作業所』（仮題）と合わせて、関係者のあいだで広く手に取っていただくことを期待します。

二〇〇六年六月二五日

きょうされん理事長

西村　直

目次

Ⅰ．施行で明らかになった問題点

1．福祉サービスはどう変わる？

（1）何がどう変わるのか

まずは、自立支援法によって、障害のある人たちの福祉サービスがどのように変わるのか、ここから入っていきたいと思います。このことは、一番大切な点ですが、実はとても見えにくいのです。たとえば、自宅から通所施設に通い、土日にガイドヘルパーを利用している場合、これらの福祉サービスは、新事業体系ではどんな対応になるのでしょう。四月施行からだいぶ経つのに、「よくわからない」という人の方が多いのが現実です。その点を理解するために、まず資料1を参照してください。これは、旧法に基づく福祉サービスと、自立支援法による福祉サービスがどのように違うかを比較したものです。

旧法に基づく福祉サービスは、障害別の福祉法にもとづいて、身体障害と知的障害のある人に対する基本的な福祉サービスは支援費制度によって行なわれ、居宅生活支援と施設訓練等支援に分けら

資料１　支援費制度と障害者自立支援法による福祉サービスの体系

現在の障害福祉サービス

支援費制度（身体障害、知的障害）

居宅生活支援費
- ホームヘルプサービス（家事援助、身体・外出介護）
- ショートステイサービス
- グループホーム
- デイサービスなど

施設訓練等支援費
- 入所授産・更生施設
- 通所授産・更生施設
- 知的障害者通勤寮
- など

国庫補助事業
- 福祉工場（知的、身体、精神障害）
- 精神障害者社会復帰施設
- 精神障害者居宅支援
- 相談支援
- 小規模通所授産施設
- その他の補助事業

自治体制度
- 手話通訳派遣事業
- 小規模作業所支援
- 支援費制度の加算
- その他の独自施策

↓

障害者自立支援法による福祉サービス

介護給付

居宅介護、重度訪問介護（外出介護を含む）、行動援護、療養介護、生活介護、児童デイサービス、短期入所、重度障害者等包括支援、共同生活介護（ケアホーム）、施設入所支援

訓練等給付
- 自立訓練（機能訓練・生活訓練）
- 就労移行支援（Ⅰ型・Ⅱ型）
- 就労継続支援（A型、B型Ⅰ、B型Ⅱ）
- 共同生活援助（グループホーム）

地域生活支援事業

相談支援、コミュニケーション支援、日常生活用具、移動支援、地域活動支援、福祉ホーム生活サポート事業

れます。それに対して支援費制度から除外されているのが、精神障害のある人の福祉サービスをはじめ、福祉工場や小規模通所授産施設（知的、身体、精神障害）などの補助金事業です。支援費制度と補助金事業では、行政が負担する金額やサービス水準に大きな格差がありました。さらに、それら国の法制度の対象から除外されてきた福祉サービスの多くは、地方自治体の独自施策として実施されてきました。法定外の小規模作業所は、その代表格と言ってもいいでしょう。

　では自立支援法は、どのような

体系になっているのでしょうか。自立支援法による福祉サービスは、資料1にあるように、「介護給付」「訓練等給付」「地域生活支援事業」という三つの枠組みに分けられています。そしてこの三つの枠組みに、似かよった福祉サービスがバラバラに位置づけられています。たとえば、共同生活介護（ケアホーム）、共同生活援助（グループホーム）、福祉ホームは、同じ暮らしを支える福祉サービスであるにもかかわらず、三つの枠組みに、それぞれ分けられて位置づけられています。なぜ、これら三つの枠組みに分けられるのでしょうか。また、現在利用している福祉サービスは、どの枠組みに移行するのでしょうか。

この点を理解することは、自立支援法の大きな特徴である応益負担制度（厚労省は途中から「原則一割の定率負担」としているが、本書では応益負担制度と表記する）や障害程度区分を理解するうえで、とても重要なポイントとなります。

(2) なぜ、三つの枠組みか

三つの枠組みを理解するキーワードは、「お金の出どころと出し方の違い」です。

資料2にあるように、介護給付は、国の財政負担が義務付けられた「義務的経費」となります。しかし、二〇〇七年改正の準備がすすめられている介護保険と障害福祉施策の本格的統合の際には、真っ先に介護保険の中に組み入れられるのではとされています。また訓練等給付も、義務的経費に位置づ

資料２　給付体系の種類と福祉サービス

	介護給付	訓練等給付	地域生活支援事業
国の財政責任	義務的経費 （2007 年以降、介護保険と統合の可能性あり）	義務的経費 （介護保険との統合は未定）	裁量的経費
応益負担	あり		自治体の裁量
障害程度区分	重度の区分に対象を限定	区分判定者を対象	
移動を支える事業	行動援護・重度訪問介護(移動介護を含む)		移動支援
暮らしを支える事業	共同生活介護（ケアホーム）	共同生活援助（グループホーム）	福祉ホーム
働くことを支える事業	生活介護	自立訓練（機能訓練・生活訓練） 就労継続支援（A型・B型） 就労移行支援	地域活動支援

※ 行動援護は、障害程度区分3以上であって、「行動障害関連項目」の合計点が 10 点以上。具体的には、自閉症、てんかんを有する重度の知的障害の人で、「危険回避が困難、かつ自傷、異食、徘徊等の行動障害」のある人。

※ 重度訪問介護は、障害程度区分4以上であって、二肢以上の麻痺があり、「歩行・移乗・排尿・排便」のすべてが「できる」以外と認定された人。

けられていますが、介護保険との統合がどうなるかは不透明なままです。

さらに介護給付と訓練等給付は、義務的経費に位置づけられたことと引き換えに、応益負担が課せられます。とくに介護給付は、障害程度区分による判定結果がサービス利用の種類・量に大きく影響します。

一方、地域生活支援事業には、国の財政負担は義務付けられませんでした。当面、わずかな「統合補助金」が交付される予定ですが、地域生活支援事業に位置づけられたさまざまな福祉サービスのどれにどのくらい配分するかは、地方自治体が決めることとなり、市町村の財政力によって、格差が生まれることになります。大元の国による統合補助金の交付金が余りに微々たるもので（二〇〇六年度は、下半期分として全国分でわずかに二〇〇億円）、とても期待できるようなものではありません。

なお、地域生活支援事業において、応益負担の発生がどうなるか、障害程度区分に基づく判定が用いられるかどうかは、地方自治体が独自に決めることになります。

というように、この三つの枠組みは「お金の出どころと出し方の違い」でわけられます。つまり、同じ暮らしを支える福祉サービスであるはずなのに、ケアホームとグループホームは、応益負担が課せられることを条件にして、国の財政負担が義務付けられています。しかも障害程度区分の判定結果によって、ケアホームに暮らせる人とグループホームしか利用できない人がでてしまいます。他方、福祉ホームは、地方自治体の財政負担となり、国制度としての応益負担は課せられないことになります。

さて、この介護給付、訓練等給付、地域生活支援事業の三つの枠組みにわけられた福祉サービスを利用しようとするとき、どのような問題がおこるのでしょうか。

2.「きめ細かに軽減される」はとんでもない詭弁だった

(1) 最初の請求書

五月初旬のゴールデンウィーク、すべての支援費施設や事業者では、四月のサービス利用実績の確認作業と、それにもとづく市町村に対する支援費の請求、そして利用者に対する応益負担の請求、これらの事務作業が連休返上で行なわれました。

通所施設では、「遅刻や早退も通ったとしてカウントしていいの？」「行事で弁当を外注した場合は、給食一食とカウントするの？」など、曖昧だった問題が次々とでてきました。また、通常の支援費以外の様々な加算にも一割負担が生じることを実感し、改めて応益負担制度のすさまじさに接したのです。例えば、二〇〇六年四月に入所した人たちには「入所時特別支援加算」が支給されますが、その一割負担も、新入所の利用者に請求しなければなりませんでした。また三つ以上の障害を併せもつ人には、「重度・重複障害加算」が支給されますが、それにも一割負担。栄養士を雇っていれば「栄養管理体制加算」に一割負担。「低所得」の人たちは給食の人件費の負担が軽減され「食事提供体制加算」が支給されます。それに対しても一割負担が課せられるのです。要するに、支給される公費のほとんどに一割負担が付きまとうことになります。それに加えて四月からは自己負担となった給食代が重くのしかかります。

その結果、利用者に対する請求書の金額は、当初予想していた金額を大きく上回ってしまいました。請求書を作成した施設・事業者の担当者の多くは、その金額を目の当たりにして、「えっ、こんなに請求しなければならないの？」と、改めて愕然としています。

請求書を配った直後、「やっぱりお弁当にします」「通所日数を減らそうと思うんですけど」など、こうした声が全国で相次ぎました。

（2）もちろん初めから分かっていた厚労省

二〇〇五年秋の特別国会で自立支援法の審議がおこなわれたとき、「きめ細かい負担軽減策をおこないます」と、尾辻厚労大臣（当時）は、何度も何度も答弁しました。

ところが、いざスタートしてみると、大臣の答弁と実態は、大きくかけ離れていました。東京都内のある三五人定員の知的障害者通所授産施設では、資料3のような利用者世帯の実態でした。所得区分のうち一般世帯が二二世帯で全体の約六割を占め、負担軽減策の対象となる「低所得世帯」は、わずか一二世帯で三割にとどまりました。しかも低所得世帯でありながら、社会福祉法人軽減の対象となる世帯はゼロでした。その理由は、軽減策の対象基準となる年収をことごとく上回ってしまったのです。ある自治体の担当職員は、こう言いました。「社会福祉法人軽減の対象者は、そんなにいるはずがありませんよ。もしいるとすれば、どんどん生活保護受給者が増えることになります」と（所得区分や社会福祉法人軽減制度などの詳細は第Ⅱ章をご覧ください）。

そもそも、所得区分の線引きがおかしいのです。厚労省が示した模式図では、四つの所得区分の階層が均等に見えるかのようでしたが、実は大半が一般区分に入れられるというのが実態なのです。いわゆるビジュアル説明（視覚的な説明）のトリックだったのです。本当に障害者政策というのなら、大半を占めている一般区分にそれこそきめ細かな対応がなされるべきではなかったでしょうか。とに

資料３　東京都内のある通所型施設の利用者階層区分の内訳

区分	世帯の収入		応益負担月額上減	世帯数	社会福祉法人軽減
一般	市町村民税課税世帯		３７，２００円	２２世帯	非該当
低所得２	市町村民税非課税世帯	年収８０万円以上	２４，６００円	１０世帯	以下の年収基準を下回る世帯が対象 １人世帯１５０万円 ２人世帯２００万円 ３人世帯２５０万円
低所得１		年収８０万円未満	１５，０００円	２世帯	
生活保護	生活保護		０円	１世帯	

かく負担軽減策の所得基準が、あまりにも低すぎるのです。

実は、ここで例示した通所授産施設利用者の「一般世帯六割、低所得世帯三割」というのは、東京都内の通所型施設の平均的な実態でした。おそらくは、全国的にも同じような傾向にあると考えられます。通所施設の利用者は、家族と同居している人が多く、利用者本人の収入だけをみればわずかであっても、負担額の算定に当たっては家族全員の収入が合算されることになり、多くが一般区分を適用されることになります。この結果、負担軽減策の対象となる人が非常に少ないのです。

このことは、二〇〇五年秋の特別国会の採決の日（衆院厚生労働委員会、一〇月二八日）の審議でも、野党議員から「負担軽減策の対象となる世帯は少ないのでは」と指摘され、これに対する厚労省の答弁は終始曖昧なものでした。当然のことながら、厚労省は負担軽減策の対象がそれほど多くないことを初めから知っていたのです。にもかかわらず、「きめ細かい負担軽減をする」などと言い逃れをしていたわけで、まさに法案成立のためには手段を選ばないといった感じでした。

3．募る不安と遠のく福祉サービス

（1）最初のハードル――障害程度区分の認定調査

重度の身体障害のあるAさんは、手すりにつかまって歩けば、なんとか五メートルは歩けます。またトイレも、手すりなどがあれば、なんとか一人でできます。しかし外出では、上肢に筋緊張があることと、発作などがあるため、電動車いすで移動はできますが、見守りは欠かせません。支援費制度では、自宅での生活や移動で家事援助と身体介護を利用して、なんとか一人暮らしができていました。

ところが、今後の福祉サービスの利用に大きな不安がでてきました。一〇月からの新事業体系への移行にむけて、五月から障害程度区分の認定調査がスタートしました。この障害程度区分の認定調査は、介護保険で用いている要介護認定の七九の調査項目に、行動障害とIADL（手段的な日常生活動作）を加えた一〇六項目の聞き取り調査をコンピューターで判定します。Aさんは、聞き取り調査がおこなわれる前に、障害関連団体に相談して、聞き取りの事前練習をしてみました。しかし、何度くり返してみても、Aさんは、障害程度区分3止まりでした。

障害程度区分3の場合、利用できる家事援助や移動支援などの訪問系サービスに制限があります。資料4にあるように、Aさんは障害程度区分3ですから、居宅介護の家事援助と身体介護は利用でき

資料4　障害程度区分と訪問系サービスの利用

106項目の障害程度区分の判定プロセス

1次判定
プロセスⅠ　要介護認定79項目
プロセスⅡ　行動障害＋IADL

プロセスⅠ
要介護認定
（79項目）
プロセスⅡ
行動障害
（9項目）
IADL
（7項目）

→

区分6
区分5
区分4
区分3
区分2
区分1
非該当

2次判定
審査会
プロセスⅢ
精神関連（8項目）
コミュニケーション関連（2項目）
視覚関連（1項目）

特記事項
医師意見書

区分6
区分5
区分4
区分3
区分2
区分1

→

介護給付

居宅介護（家事援助、身体介護）
●障害程度区分1以上であること。

行動援護（重度自閉症等の移動介護）
●障害程度区分3以上であって、「行動傷害関連項目」等の合計点数が10点以上であること。

重度訪問介護（重度身体障害者等の身体介護・移動介護）
●障害程度区分4以上であって、以下のいずれにも該当すること。①二肢以上に麻痺があること。②障害程度区分の認定調査項目のうち「歩行」「移乗」「排尿」「排便」のいずれも「できる」以外と認定されていること。

重度障害者等包括支援（常時介護を有する重度者の居宅介護）
●障害程度区分6に該当する者のうち、「意思疎通」に著しい困難を有し、以下の項目のいずれかに該当すること。
①「重度訪問介護」の対象であって、四肢麻痺があり、寝たきり状態にあり、気管切開に伴う人工呼吸器を利用しているか、最重度知的障害者。②「行動関連項目」の合計点数が15点以上であること。

※区分5、6は、要介護認定4、5と同程度。障害分野で具体的にいうと、重症心身障害や、移動・食事・排泄・更衣等がほぼ全介助を要する状態が想定されている。

ます。でもAさんは「前みたいに利用時間の上限が決められてしまったらどうしよう。応益負担も払えきれるかな……」と不安げです（障害程度区分についての詳細は第Ⅲ章をご覧ください）。

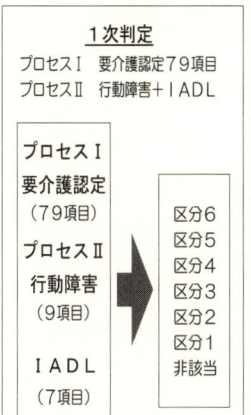

（2）二重三重にロックされた介護給付

それだけではありません。外出時に利用してきた福祉サービスが、利用できなくなります。重い身体障害のある人のための移動介護である重度訪問介護は、障害程度区分4以上でなければ利用できません。しかも、二肢以上に麻痺があって、併せて「歩行」「移乗」「排尿」「排便」のいずれも「できる」以外の者に限られています。かりに審査会を経てAさんの障害程度が区分4にあがったとしても、手すりなどがあれば、なんとか歩行やトイレができてしまうので、対象から外されてしまいます。その結果、Aさんの移動支援は、市が実施する地域生活支援事業しかなくなるのですが、その内容は今なおはっきりしていません。全国いずれの市町村においても同じような状況にあります。

この移動支援については、知的障害のBさんの家族も同様に困っていました。Bさんも同じように聞き取り調査の事前練習をしてみました。支援費でA判定だったBさんも、やはり何度やってみても障害程度区分2止まりでした。Bさんも外出の際にはガイドヘルパーを利用してきました。ところが、これが危うくなります。介護給付に位置付けられた知的障害の移動介護の「行動援護」は、障害程度区分3以上で、しかも認定調査の「行動障害関連項目」で一〇点以上を得点していなければ利用できません。Bさんも審査会で障害程度を区分3にあげることができたとしても、それだけでは利用できないのです。結局Bさんの移動支援も、市の地域生活支援事業の移動支援に頼らざるを得なくなりそうです。

(3) このまま通い続けられるの?

知的障害者の通所授産施設に通うCさんの家族は、いまとても不安を抱えています。いま通っている通所施設が、一〇月以降どうなるのか、まったくわからないからです。「もしかしたら、通えなくなるのかも……」そんな考えが頭をよぎると言います。

資料5　障害程度区分と日中活動系サービスの利用

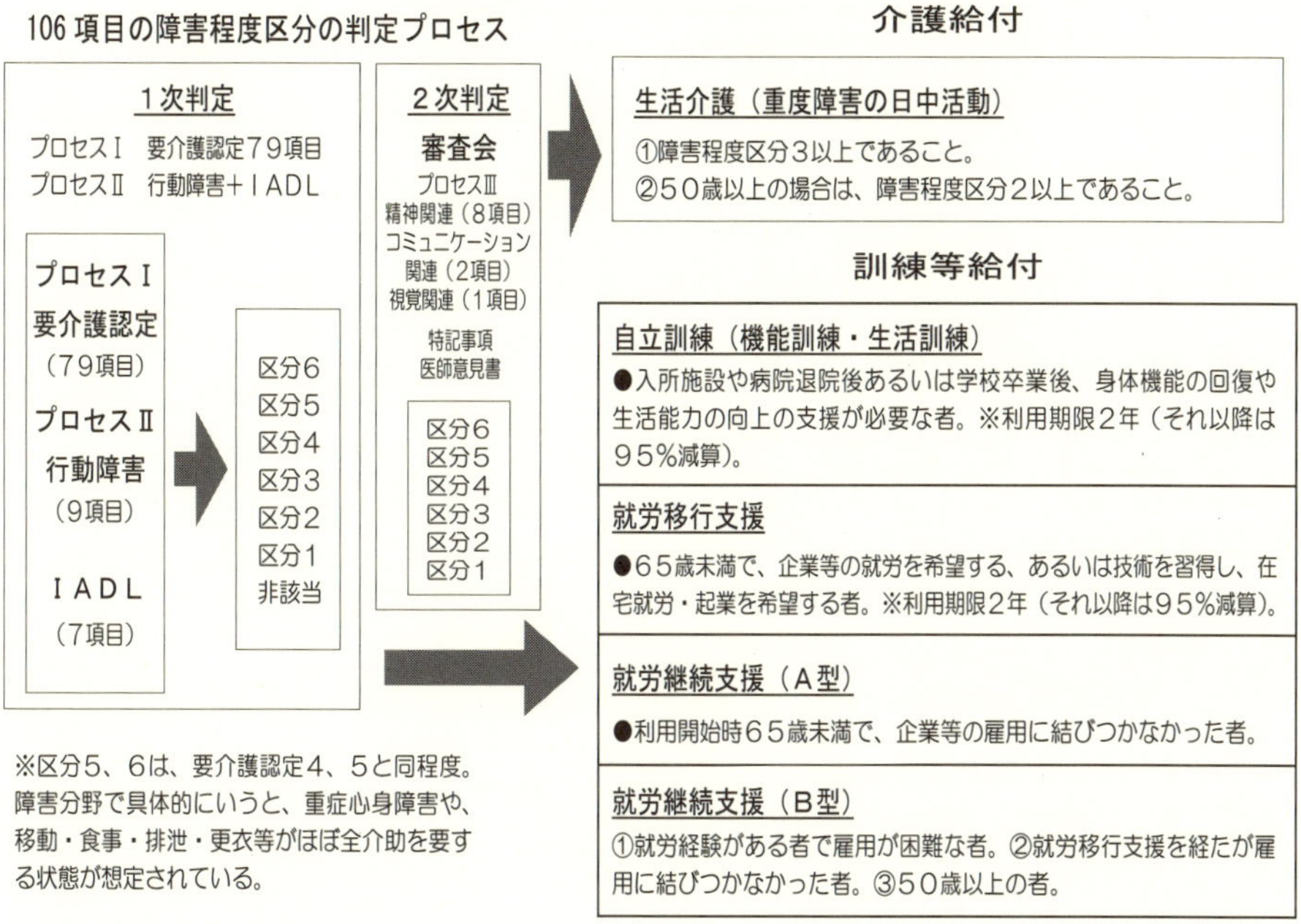
106 項目の障害程度区分の判定プロセス
1次判定
プロセスⅠ　要介護認定79項目
プロセスⅡ　行動障害＋IADL
プロセスⅠ
要介護認定
（79項目）
プロセスⅡ
行動障害
（9項目）
IADL
（7項目）
区分6
区分5
区分4
区分3
区分2
区分1
非該当
2次判定
審査会
プロセスⅢ
精神関連（8項目）
コミュニケーション関連（2項目）
視覚関連（1項目）
特記事項
医師意見書
区分6
区分5
区分4
区分3
区分2
区分1
※区分5、6は、要介護認定4、5と同程度。障害分野で具体的にいうと、重症心身障害や、移動・食事・排泄・更衣等がほぼ全介助を要する状態が想定されている。
介護給付
生活介護（重度障害の日中活動）
①障害程度区分3以上であること。
②50歳以上の場合は、障害程度区分2以上であること。
訓練等給付
自立訓練（機能訓練・生活訓練）
●入所施設や病院退院後あるいは学校卒業後、身体機能の回復や生活能力の向上の支援が必要な者。※利用期限2年（それ以降は95%減算）。
就労移行支援
●65歳未満で、企業等の就労を希望する、あるいは技術を習得し、在宅就労・起業を希望する者。※利用期限2年（それ以降は95%減算）。
就労継続支援（A型）
●利用開始時65歳未満で、企業等の雇用に結びつかなかった者。
就労継続支援（B型）
①就労経験がある者で雇用が困難な者。②就労移行支援を経たが雇用に結びつかなかった者。③50歳以上の者。

Cさんの通っている通所施設は、定員三〇人。みんなでがんばってパンを製造・販売し、月額平均一万五〇〇〇円の工賃が支給されています。支援費のA判定（重度）の人が一〇人、残りの人はB判定（中等度）の人たちです。パンの製造も、お店やお客さんの家を訪問して販売する営業も、いい雰囲気で働いています。もっと工賃を上げようというのが当面の目標だったのです。しかし、ここにきてとくに家族のあいだに重苦しい空気が流れるようになりました。どうしてでしょうか。

それは、一〇月一日からの新事業体系の実施が避けられなくなったからです。Cさんの通う通所施設は、生活介護と就労継続支援（B型）の多機能タイプへの移行を考えているそうです。

資料5にあるように、「生活介護」は、障害程度区分の判定結果が大きく影響します。しかも生活介護は、障害程度区分3以上の人しか利用できません。Cさんは支援費A判定（重度）ですが、聞き取り調査の事前練習では、どうくり返しても区分2しかでません。就労継続支援（B型）の者は、障害程度区分の判定結果に関係なく通えるようですが、Cさんは今年四月に養護学校を卒業して、この通所施設に通っています。つまり就労体験がないのです。就労継続支援（B型）は、一般雇用の体験や就労移行支援を通過することが利用の前提となり、そうでないと対象にはなりません。「施設長さんは、当面は経過措置で通えると説明してくれたけど……」、なお母親の不安は払拭されません。それは、もう一つの不安があるからです（新事業体系の詳細は第Ⅳ章をご覧ください）。

（4）前代未聞の大幅な公費減額

もう一つの不安とは、施設に支給される報酬額（運営費で多くは職員の人件費に当てられる）の減額です。資料6にあるように、Cさんの施設が、新事業体系に移行した場合の公費を積算してみました。その結果、就労継続支援（B型）に移行すると、年額ベースで二三〇〇万円の減額、生活介護と就労継続支援（B型）の多機能タイプに移行しても、年額一六〇〇万円の減額になってしまいます。

「施設長さんは、四月から職員の給与を大幅に下げたって言ったけど、経験や理解のある職員たちがこのまま働き続けてくれるのかしら?」しかも、この四月からは、Cさんをはじめ四人の新しい利

資料６　現行通所授産施設と新事業体系（就労系）の比較

こんなに減ってしまう通所施設の補助金

（知的障害者通所授産施設　３０名定員、月２０日通所、丙地基準額の場合）

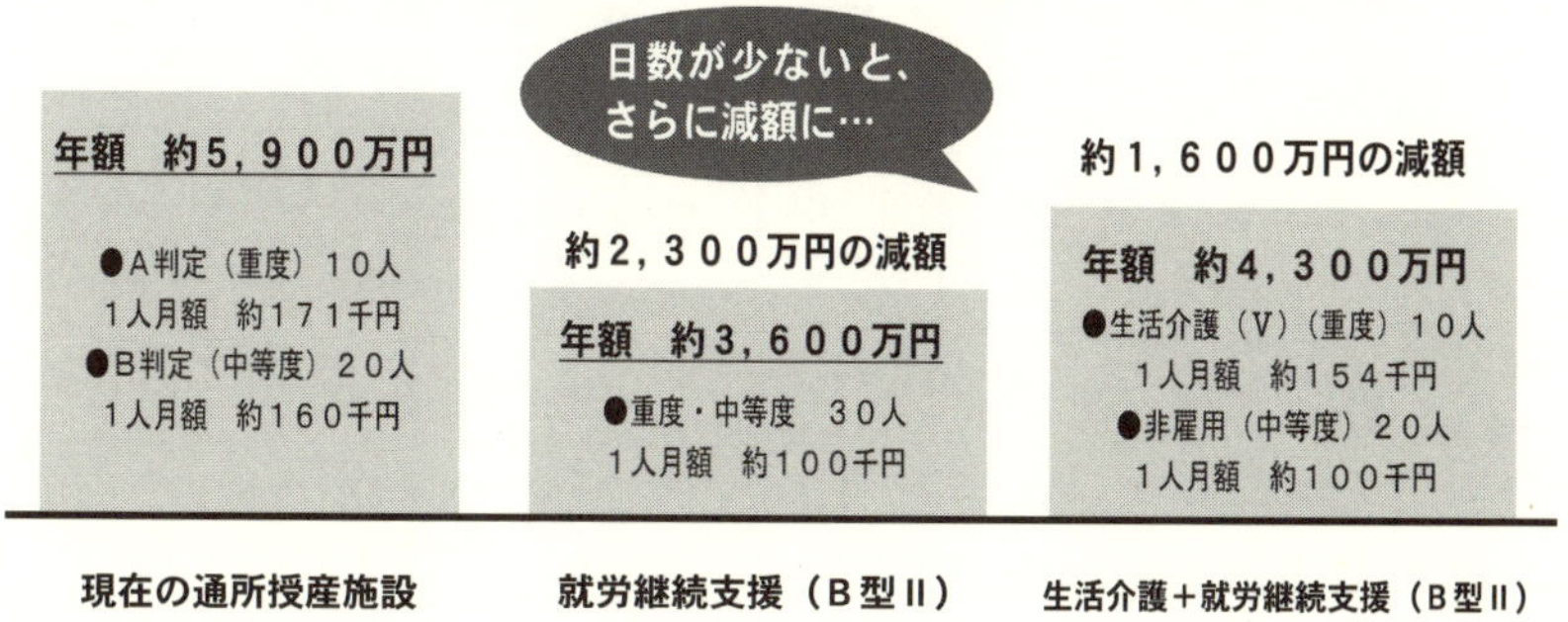

用者が増えたのに、常勤職員は増えていません。パート職員が増えただけでした。多くの家族は、Cさんと同じような不安を感じているのではないでしょうか。

この施設の施設長は、当初別な手立てを講じようと「自立訓練（生活訓練）」への移行を考えたのです。就労体験がなくても利用できます。しかも、就労継続支援（B型）よりも、わずかですが報酬額の基準が高いのです。しかし、通い続けられる年限が定められ（二〜三年間）、これを超えての利用も可能ですが、その場合には報酬単価は下げられてしまいます。さらに、もっと大きな問題があります。厚労省が示した自立訓練（生活訓練）の指定基準によれば、調理や自立生活訓練の実施は定められているものの、働くことや工賃については一言も触れられていません。「うちは、みんな働きたいし、工賃もほしいんだよね。でも就労継続支援（B型）だと、支給される公費が余りにも低いんです」「こんなことを考えていると、なんか無理やり制度

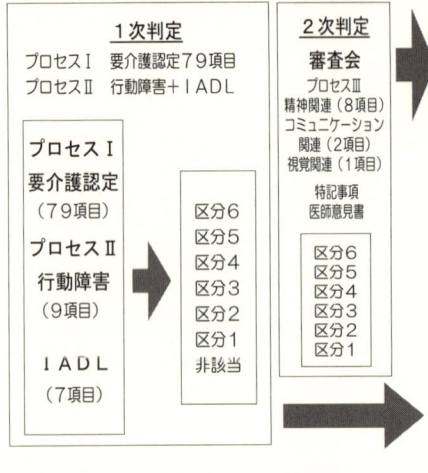

資料7　障害程度区分と居住系サービスの利用

106項目の障害程度区分の判定プロセス

1次判定

プロセスⅠ　要介護認定79項目
プロセスⅡ　行動障害＋IADL

プロセスⅠ
要介護認定
（79項目）
プロセスⅡ
行動障害
（9項目）
IADL
（7項目）

→

区分6
区分5
区分4
区分3
区分2
区分1
非該当

2次判定

審査会
プロセスⅢ
精神関連（8項目）
コミュニケーション関連（2項目）
視覚関連（1項目）
特記事項
医師意見書

区分6
区分5
区分4
区分3
区分2
区分1

※区分5、6は、要介護認定4、5と同程度。障害分野で具体的にいうと、重症心身障害や、移動・食事・排泄・更衣等がほぼ全介助を要する状態が想定されている。

介護給付

共同生活介護（ケアホーム）

	障害程度区分	単位	報酬（日額）
Ⅰ	区分6	444	4,440円
Ⅱ	区分5	353	3,350円
Ⅲ	区分4	300	3,000円
Ⅳ	区分3	273	2,730円
Ⅴ	区分2	210	2,100円

訓練等給付

共同生活援助（グループホーム）

	障害程度区分	単位	報酬（日額）
Ⅰ	区分なし	171	1,710円
Ⅱ		116	1,160円

に施設や利用者をはめ込んでいるみたいで、何かがおかしいのでは」、施設長からはこうした複雑な思いの一端が出されていました。

Cさんの養護学校時代の友人のDさんは、別の通所施設に通っていますが、Dさんのお母さんは、Cさんのお母さんに、こんなふうに愚痴ったそうです。「うちの施設は重い人が多いから、施設長は『生活介護』に移行するって言ってるわ。でもそうすると負担が大きくなるのよね。しかも給食費は、一食六五○円で、月にすると一万三○○○円に。誰も『お弁当にします』って、なかなか言えないのよね。それに送迎利用料が別にあって、それが月に一万円くらいになっちゃうの。支援費の負担が加算分の負担を含めて一万六○○○円になるから、全部あわせると月に四万円よ！もらえる工賃は七〇〇〇円なのに」と。

このように、スタートした応益負担制度は、早くもさまざまな問題点や欠陥が浮き彫りになっています。浮き彫りにされた応益負担の問題点は、どうにも解決の糸口はないのでしょうか。果たして本当に、このまま一〇月一日の本格施行を迎えてよいのでしょうか。

「万策は尽きた」「もはや打つ手はない」といって、投げてしまうことは簡単です。でもそれでは、障害のある人とその家族、そして関係者の幸せを実現することはできません。なんとかみんなで知恵を絞り、当面の応益負担への対応策と、これから迎える新事業体系の改善の糸口を探り出していきましょう。

Ⅱ．利用者負担の仕組みと対応法

１．応益負担制度スタート

障害のある人が支援を利用した時の負担は、これまでは支払う能力に応じた応能負担を原則としていました。ほとんどの利用者が利用料を支払わなくても済むか払ったとしてもごく小額ですんでいましたが、応益負担により、原則一割の利用料負担を求められることになりました。収入は生活保護基準よりも低いままで負担だけが大幅に増えるのですから、その影響がいかに大きいかは想像に難くないと思います。

以下、本章では日中は通所施設やデイサービスを利用し、自宅またはグループホームから通う場合を中心に、現局面で負担を少しでも小さくするためにどうすればよいのか、また当面、この応益負担に対してどう取組んでいけばよいのかを考えます。

2. 負担額はどのようにして決まるのか

利用者が支払う負担額はこのようになります。ここでは、利用料と食費の決め方をみることにします。

利用者負担	=	利用料（応益負担分）	＋	食費（入所施設の場合は水道光熱費も）	＋	その他（施設によっては送迎費など）

（1）利用料の決め方

（a）一ヵ月の利用料の上限額を決める

【あらまし】

利用料は応益負担制度により原則一割負担となりますが、一ヵ月に支払う金額の上限が定められています。受給者証にはこの上限額が書かれており、当事者や家族は「この金額を毎月支払うのか」という印象をもちやすいようですが、そうではありません。一日（一回）の利用について一割の利用料がかかりますが、一ヵ月の利用料が上限額を超えた場合には、それ以上は払わなくてよいという意味です。

【問題点】

こうした上限額があるといっても、障害基礎年金2級（月額約六万六二〇〇円）を受けている人の場合で言えば、「低所得1」になっても年金収入のうち約二割までは利用料を支払うことになります。また、世帯の収入状況によって区分が決められるため、同

表１　福祉サービス利用料の１ヵ月の上限額

区分	世帯の収入状況	月額負担上限額	各種軽減措置
生活保護	生活保護世帯	０円	
低所得１	市町村民税非課税世帯で 利用者の収入が年間 80 万円以下	１５０００円	対象になる
低所得２	市町村民税非課税世帯で 低所得１以外	２４６００円	
一般	市町村民税課税世帯	３７２００円	対象にならない

じ世帯の中に一人でも市町村民税を支払う人がいれば、たちまち「一般区分」となり、後で述べる様々な軽減措置を受けることができなくなるのです。障害のある人の自立をすすめる立場から言えば、世帯の収入ではなく本人のみの収入によって、この上限額を定めるべきです。

（b）一日あたりの利用料を決める

【あらまし】

応益負担の導入による利用料金額は一日単位で決まります。現行施設体系の一部の利用料は次のようになります。

【問題点】

表2を見ると、同じ人でもどの施設を利用するかによって利用料に違いがあることがわかります。授産施設か更生施設かによっても変わってきますし、施設の定員によっても利用料が違いますので、不平等感は否めません。「知的の施設よりも身障の施設の方が安いじゃないか」「定員の多い施設に行く方が負担が小さい」と

表２　現行施設体系の2006年度の利用者負担日額・丙地の場合（抜粋）

施設種別	定員	障害程度区分	１日の利用料
知的障害者 通所授産施設	20人	A	９３９円
		B	８６５円
		C	７９１円
	21人以上 40人以下	A	７２７円
		B	６７７円
		C	６２８円
	41人以上 60人以下	A	６０１円
		B	５７１円
		C	５４２円
知的障害者 通所更生施設	20人	A	８９９円
		B	８２７円
		C	７１９円
	21人以上 40人以下	A	７００円
		B	６５２円
		C	５５５円
	41人以上 60人以下	A	５８５円
		B	５５７円
		C	４９９円
身体障害者 通所授産施設	20人	A	６９３円
		B	６５６円
		C	５７９円
	21人以上 40人以下	A	５４３円
		B	５１９円
		C	４９４円
	41人以上 60人以下	A	４３３円
		B	４１８円
		C	３８７円

いう声が出るのも、もっともです。

また障害程度区分Aで三種類の障害をあわせもつ場合には、重度重複障害加算の対象となり、通所施設の場合は一日四八〇円（入所施設の場合は一日九九〇円）が加算されるため、その一割（通所は四八円、入所は九九円）が利用者負担として上記の利用料に加わります。障害が重ければ重いほど負担が大きくなるというわけです。

こうして単価をながめてみると、一日通うたびに何百何十円のメーターが上がっていくことがリアルに見えてきます。これに加えて次項でみるように更に食費が必要になるわけですから、支出を小さくするために通所日数を減らす人や、月末には施設利用を控える人などが、みなさんの身近にもすでにおられることでしょう。

（2）食費の決め方

【あらまし】

食費は利用者と事業所の契約で定められ、応益負担分の利用料とは別に、利用者が負担しなければなりません。通所施設・デイサービスを利用する場合、厚労省は一食の食費の基準額を六五〇円としていますが、実際には四〇〇円～六〇〇円の間で設定している事業所が多いようです。

食費は材料費と人件費からなり、各事業所がその内訳金額を決めます。「一般」の利用者は、事業

図１　食費の決め方

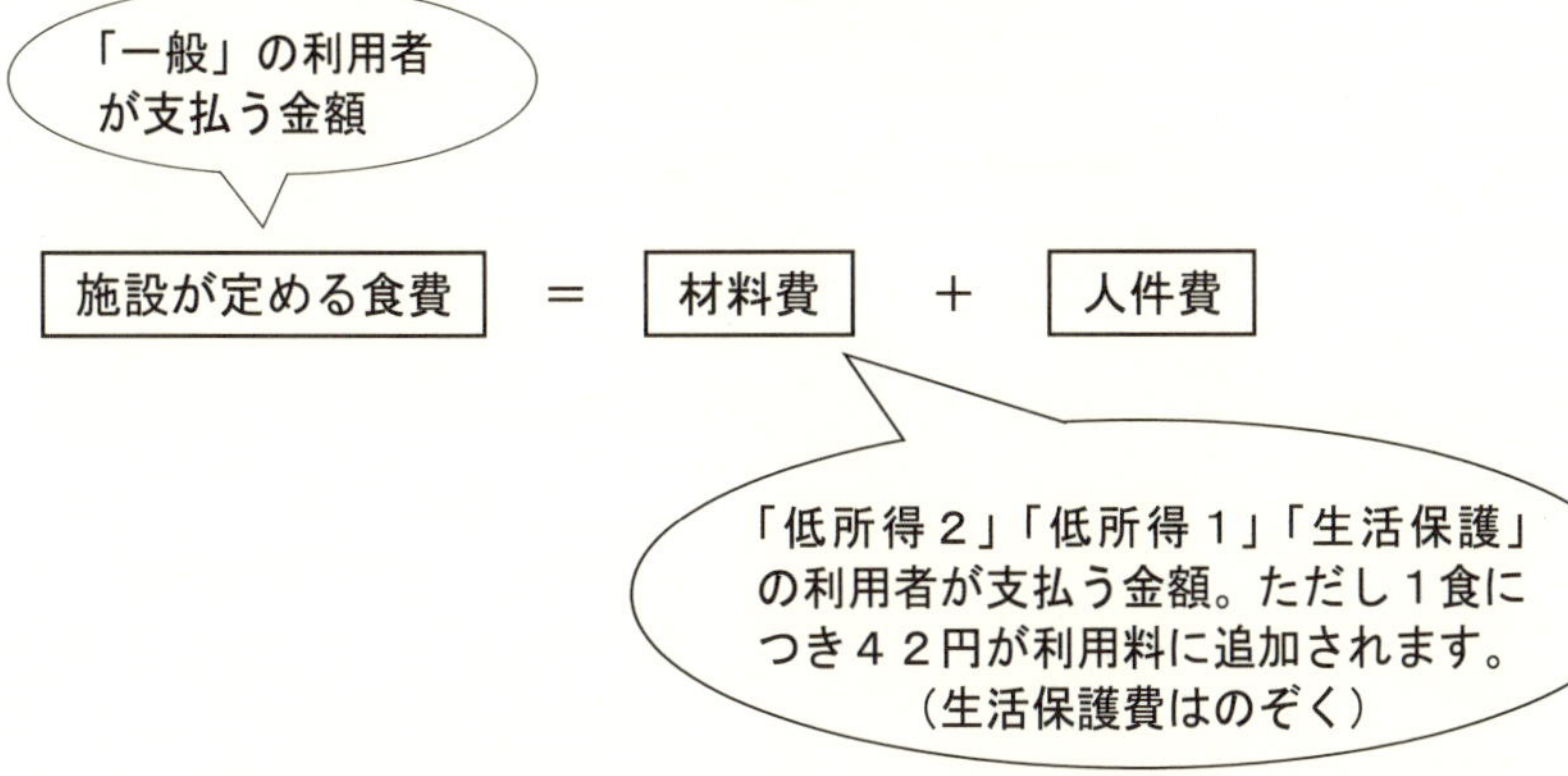
「一般」の利用者が支払う金額
施設が定める食費
＝
材料費
＋
人件費
「低所得２」「低所得１」「生活保護」の利用者が支払う金額。ただし１食につき４２円が利用料に追加されます。（生活保護費はのぞく）

所が定めた食費を支払います。「低所得2」「低所得1」「生活保護」の利用者には、三年間に限り食費の軽減措置があり、食費のうちの材料費のみを負担することになります。ただしこの場合、事業所に対しては人件費の補助として一食につき四二〇円が加算されるため、その一割の四二円が利用者負担となります。

【問題点】

厚労省はこれまで、障害のある人たちの施設での食費を無料にしてきたことを「所得が低いために、現物給付としている」と説明してきました。それが、手のひらを返したように、「食事はどこにいても食べるのだから自己負担が当たり前」「施設を利用しない人は自分で食費を払っているのだから不平等になる」といって、所得保障の拡充がないまま、食費の自己負担を導入しました。入所施設を利用する場合には、食費に加えて水道光熱費まで実費負担となり、厚労省が示した基準額は食費が月四万八〇〇〇円、水道光熱費が月一万円で、計五万八〇〇〇円にものぼります。

図２　高額障害者福祉サービス費減免について

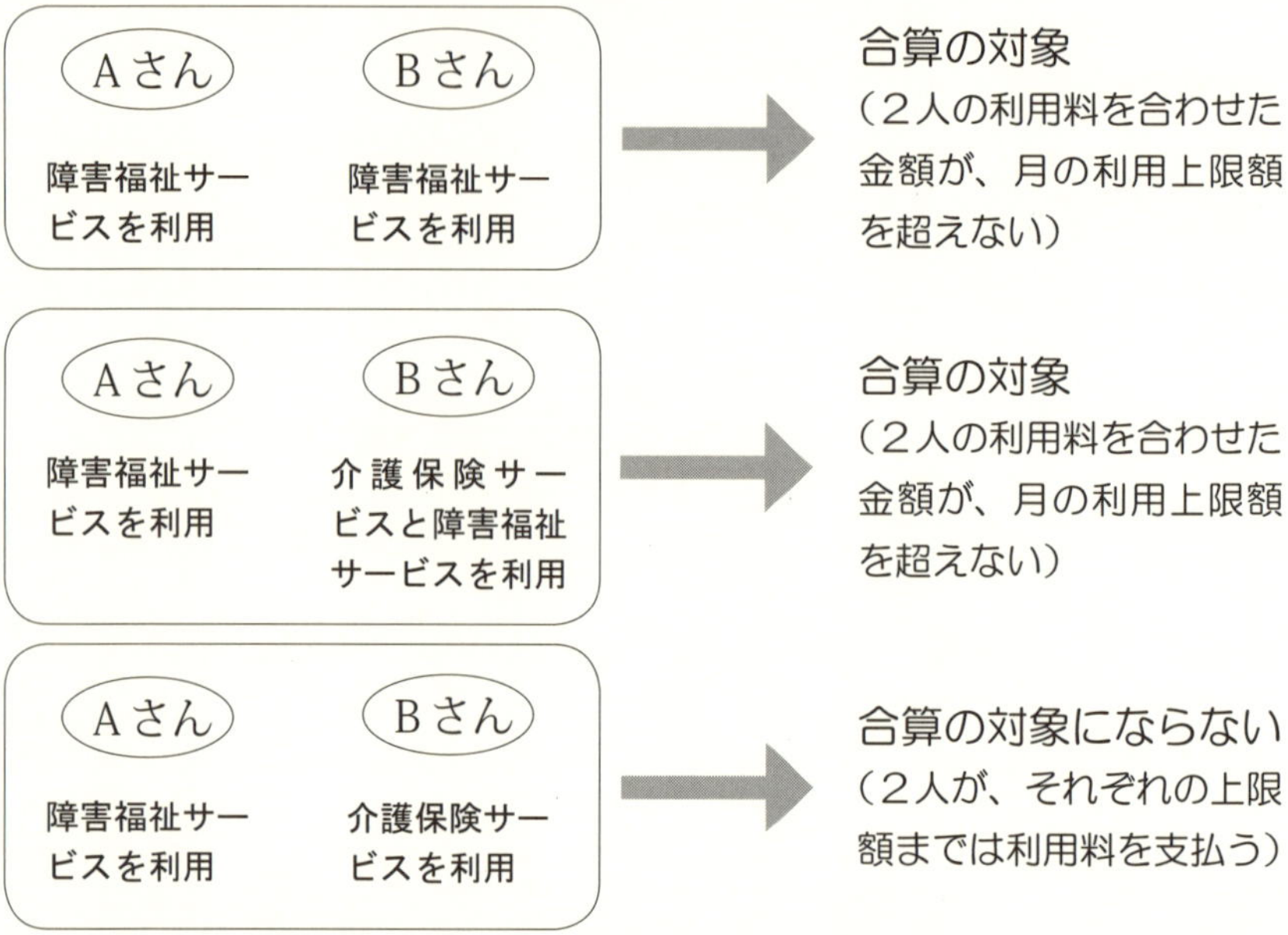

（３）負担軽減措置の仕組みと問題点

ここからは、応益負担の負担軽減措置がどのようなものか見ていきましょう。

（ａ）高額障害福祉サービス費減免～同じ世帯に障害福祉サービスを利用する人が複数いる場合

【あらまし】

同じ世帯に障害福祉サービス、介護保険のサービスを受けている人がいる場合は、その合計額が一カ月の上限額を超えないように、負担を軽減することになっています。

ただし、これは障害福祉サービスを受けている場合にのみ適用され、介護保険サービスしか受けていない人がいる場合には、その人は合算の対象外となります。

図３　社会福祉法人軽減制度の概要

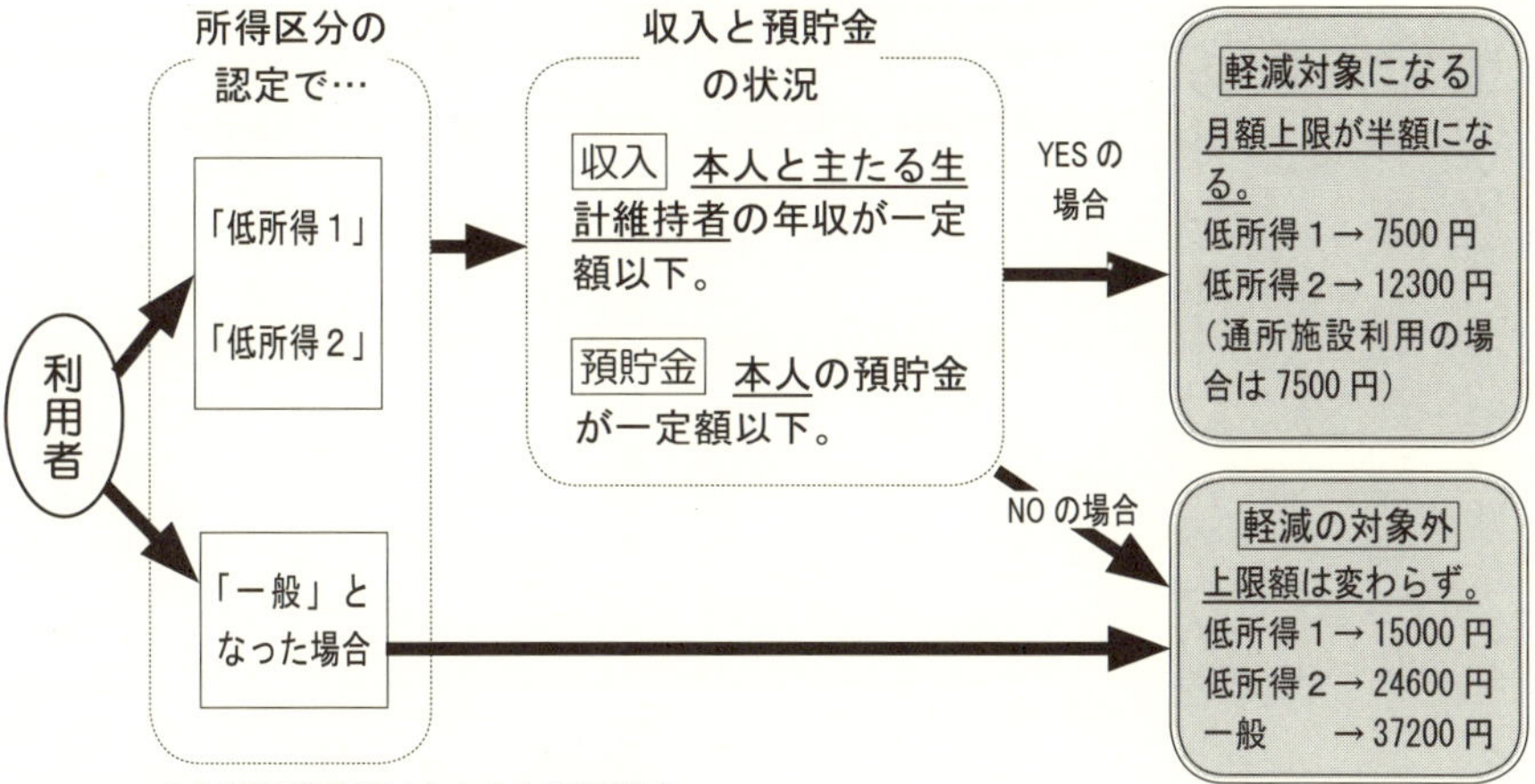

＊生活保護世帯はもともと利用料０円なので、軽減の対象外。

表３　社会福祉法人軽減制度の収入と預貯金の基準額

	単身世帯	２人世帯	３人世帯
１年の収入額	150 万円	200 万円	250 万円
預貯金額	350 万円	450 万円	550 万円

＊以後、世帯の人数が１人増えるごとに、収入額は 50 万円、預貯金額は 100 万円ずつ増える。

（ｂ）社会福祉法人軽減制度～通所施設・デイサービス・ホームヘルプを利用する場合

【あらまし】

低所得1、低所得2、生活保護の世帯の中で収入と預貯金が一定額以下であれば、通所施設・デイサービス・ホームヘルプを利用する場合に、社会福祉法人軽減という負担軽減制度があります。この対象となると利用料部分の一ヵ月の負担上限額が半額になるので、少しでも利用者負担を減らすために積極的に活用するべきです。

【問題点】

実際には、通所施設等の利用者

は市町村民税課税世帯であることが多いので、ほとんどが社会福祉法人軽減の対象外になってしまいます。非課税世帯でも、例えば三人世帯で本人と主たる生計維持者の年収の合計が二五〇万円以下でなければ対象になりません。ただし、後で述べるように世帯分離をすれば、本人のみの単身世帯となるため、ほとんどがこの社会福祉法人軽減制度の対象となります。

また、この軽減制度は利用する法人が都道府県に登録をしなければ活用できませんので、自分が利用する事業所・法人で社会福祉法人軽減制度を使えるかどうかを確認する必要があります。軽減部分の一定額は事業所が負担することになるため、この軽減措置の登録をしない事業所・法人もあります。

なお、小規模作業所がNPO法人を取得して法定事業に移行しても、社会福祉法人ではないため多くの場合、この制度を活用することができません。例外的に、地域に社会福祉法人による支援事業がない場合に、NPO法人などでも行うことができますが、利用者の立場に立てば、すべての事業所でこの軽減措置を実施できるようにすることが必要です。

(c) グループホーム利用者への個別減免

【あらまし】

グループホームから通所施設などに通う場合は、個別減免制度があります。これは、グループホームに毎月支払う家賃や食費などが年金収入などの大半を占めることを配慮しての措置です。収入が

図４　グループホーム利用者への個別減免の概要

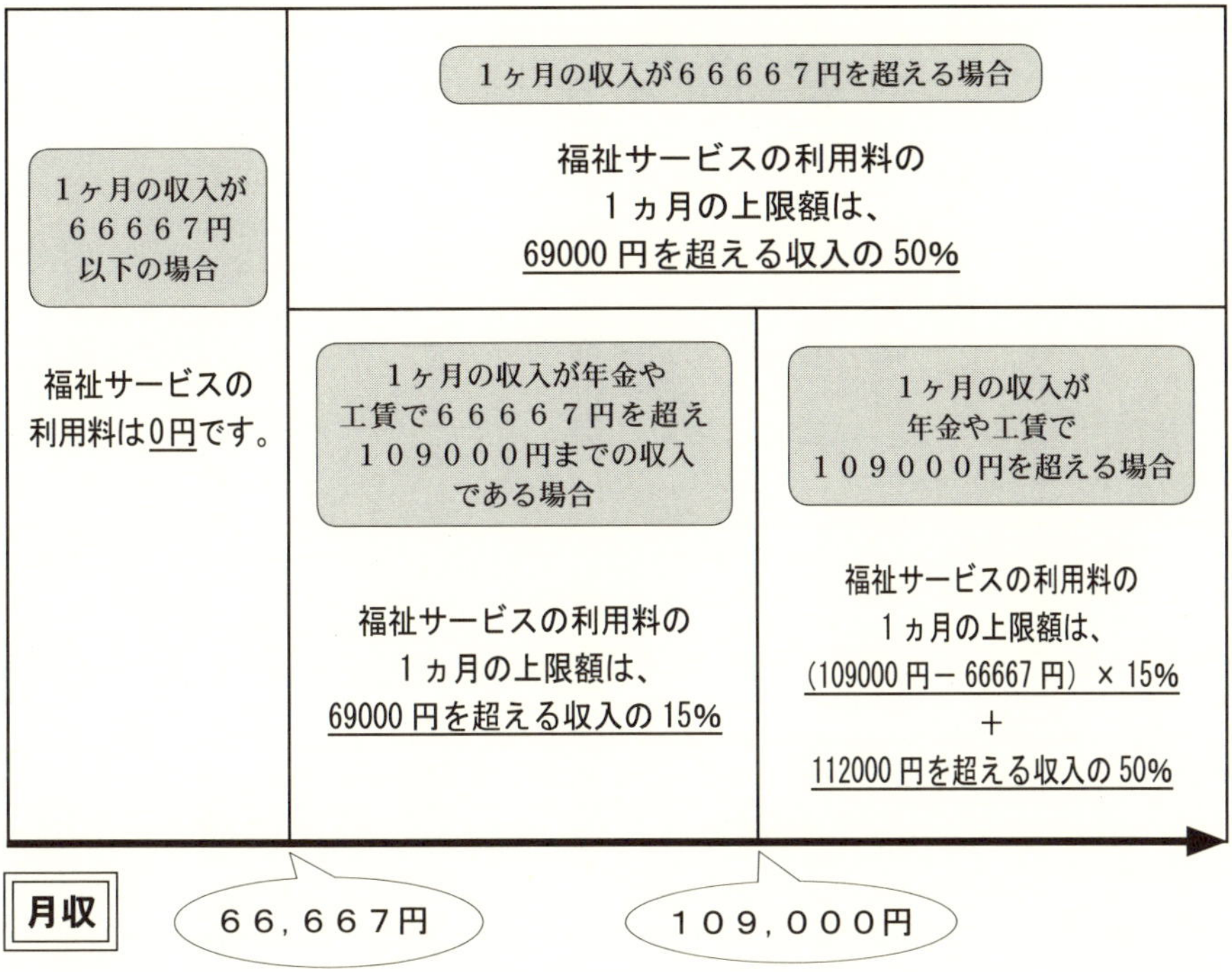

１ヶ月の収入が６６６６７円を超える場合
福祉サービスの利用料の
１ヵ月の上限額は、
69000円を超える収入の50%
１ヶ月の収入が６６６６７円以下の場合
福祉サービスの利用料は0円です。
１ヶ月の収入が年金や工賃で６６６６７円を超え１０９０００円までの収入である場合
福祉サービスの利用料の
１ヵ月の上限額は、
69000円を超える収入の15%
１ヶ月の収入が年金や工賃で１０９０００円を超える場合
福祉サービスの利用料の
１ヵ月の上限額は、
（109000円－66667円）×15%
＋
112000円を超える収入の50%
月収
６６，６６７円
１０９，０００円

六万六六六七円までなら、一ヵ月の福祉サービスにかかる費用は〇円です。収入が六万六六六七円を超えた場合は、収入から三〇〇〇円を控除した上で、一ヵ月の福祉サービスにかかる利用料の上限額を以下のように決めます。まず六万六六六七円を超えた分の五〇%が一ヵ月の負担上減額になりますが、この六万六六六七円を超えた収入が年金や工賃等の収入であれば、超えた分のうち一〇万九〇〇〇円までの一五%と、一〇万九〇〇〇円を超えた分の五〇%の合計が一ヵ月の負担上限額になるのです。

【問題点】

この個別減免の対象は預貯金が三五

〇万円未満の人に限られます。三五〇万円以上の人は毎月それを取り崩して支払わなければなりません。将来不安に備えて相当な思いで蓄えた預貯金であり、もう少し配慮があってもいいのではないでしょうか。つまり、この個別減免については、預貯金の要件をなくして、すべての利用者を対象とするべきです。

（d）利用者負担を支払うと生活保護になる場合は、一ヵ月の負担上限を下げます

【あらまし】

以上のような軽減措置を講じても、利用者負担を支払うことで生活保護にならざるをえない場合は、生活保護受給とさせないまで、利用料の月額負担上限額を引き下げることになっています。

【問題点】

この措置を受けるためには、一旦、生活保護申請をして、却下されなければなりません。そして却下されたという書類を障害福祉課の窓口に持って行くことで、この減免措置を受けることができます。最近は生活保護の申請を受け付ける時のハードルが高いですから、そもそも生活保護申請を受理されなければこの措置を受けることもできません。

図５　通所授産施設に毎日通う場合の１ヵ月の負担額例

2006 年 3 月までの負担額

20 歳以上の利用者はほとんどが
利用料、食費ともに０円

2006 年 4 月からの負担額
軽減措置を活用しない場合

（利用料）	12000 円～ 15000 円程度
（食費）	15000 円程度
合　計	**27000 円～ 30000 円程度**

2006 年 4 月からの負担額
軽減措置を活用する場合

（利用料）	7500 円
（食費）	5000 円程度
合　計	**12500 円程度**

3．負担を少しでも小さくするために、今からでもできること

（1）軽減措置を受けた場合の負担額の違い

軽減措置があることは分かっていても、手続きが手間だから申請をしないという方もおられます。ただでさえ、金銭的な負担に加えて精神的にも大きなストレスをみなさんが感じておられるわけですから、無理もありません。しかし、少し考え直して、申請をしてみてください。申請の仕方などが分からない場合は、利用している事業所等に相談してください。軽減措置を利用することで、支払う金額は大幅に減りますから、積極的に活用しましょう。

（2）自立のために堂々と世帯分離をして負担の軽減を

自立支援法の利用者負担額は世帯の収入状況などに

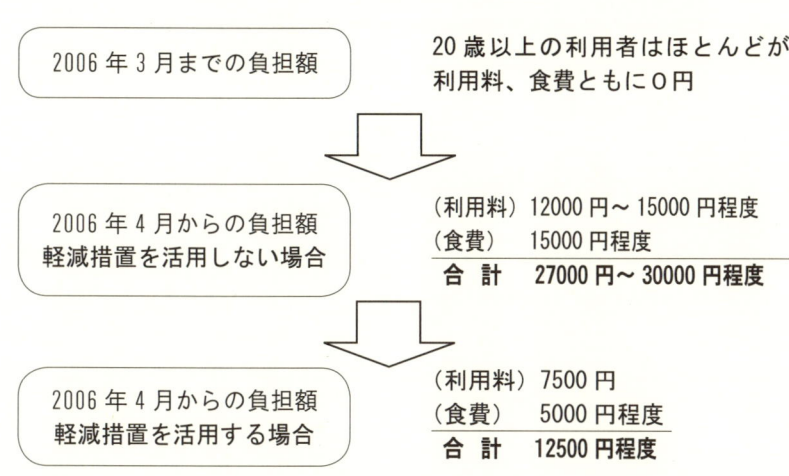

よって決められます。ですから、同じ世帯に市町村民税を支払う家族がいる場合には「一般」となり、負担軽減措置の対象になることができませんでした。

そこで全国で取組まれているのが世帯分離です。障害のある当事者だけを、現在と同じ住所のまま住民票を別にして当事者一人の世帯を作れば、その人だけの収入で利用者負担額が決められます。これにより、ほとんどが市町村民税非課税世帯すなわち「低所得1または2」になり、月額負担上限額が下がると同時に、預貯金等が基準額より少なければ負担軽減措置を受けることもできます。手続きは簡単です。役所の住民課で異動届を受け取り、障害のある人が引越しをする手続きをするのですが、新しい住所の欄に現在と同じ住所を記入すればよいのです。

世帯を分けることを後ろめたいと感じる方がおられますが、そんなことはありません。住民基本台帳法という法律では世帯の単位は個人とされていて、ごく普通の手続きですから正々堂々と分離してください。また、「世帯を分けるなんて、かわいそうだ」とおっしゃる家族もおられますが、同じような思いをもちながらも、負担を減らすために思い切ってやってみた結果、「分離してよかった」と言われる事例もたくさんあります。

また、世帯分離をすることで新たな負担が生じるのではないかという不安が指摘されていましたが、分離をして利用者負担額を減らすメリットの方がかなり大きいようです。例えば世帯分離をしても健康保険などの被扶養者にはなれますから新たな負担は生じませんし、障害者扶養控除なども引き続き受けることができます。ただし、国民健康保険の世帯の場合は、世帯分離によって本人が改めて国民健康保険に入ることになりますが、保険料は減免されるため、さほどの負担増ではありません。自動車税の減免等も従来通り受けることができます。

預貯金がたくさんある場合には世帯分離を行っても軽減措置の対象にはなれないことがありますが、その場合でも「低所得1または2」となって、利用料の月額負担上限額が下がると同時に、食費の軽減措置を受けることができます。世帯分離が万能であると考えることは禁物ですが、一つの選択肢として検討の余地があるのではないでしょうか。

(3) 軽減措置の申請はいつでもできます

預貯金がたくさんあるなどのために軽減措置を受けることができない場合は、預貯金が基準額以下(三五〇〇万円未満)になった時点で軽減措置の対象になれます。また世帯分離を行った場合も、要件さえ満たしていればその時点で軽減措置を受けることができます。

一部の市町村では収入を認定する基準日を設けて、それ以降に世帯分離等をしても一年後の基準日までは軽減措置の対象とは認めないという対応をしているようですが、これは誤りです。こうした市町村には都道府県や厚労省への問い合わせを求めるなどして、軽減措置を受けることができるようにしてもらいましょう。

収入や預貯金、世帯の状態が変わって、軽減措置の要件を満たす場合には、その時点での申請が可能です。

4．これからどう取組むのか

（1）利用者と事業所が力を合わせて負担の軽減に取組む

当面、最も大切なことは「お金が払えないから支援を受けられない」という事態をできるだけ避けることです。そのためには、利用者と事業所がスクラムを組んで具体的な取組みを進める必要があります。利用している事業所や市町村、地域の生活支援センターなどに積極的に説明を求めたり、学習会に参加するなどして、できるだけこの複雑な法律を学びましょう。当事者や家族同士の情報交換も重要です。

（2）応益負担がすべての矛盾の根源であることを繰り返し確認し、一人で悩まない

自立支援法によって当事者と家族の負担が大幅に増え、また事業所の運営も日払い方式の導入等で非常に厳しくなりましたが、これらの原因が応益負担であることを繰り返し確認しましょう。「お金を払うことができない」「支払うことはできても生活はとても厳しい」という事実は、精神的に大き

なストレスを招きます。その結果、命に関わるような深刻な事態に陥《おちい》らないとも限らないのです。

苦しい時は一人で悩まないで下さい。事業所や周囲の友人、市町村等に相談して、問題をともに考えてもらいましょう。悩んでいるのはあなた一人ではありません。

(3) 応益負担の実態をまとめ、行政に軽減策を求める

事業所や地域の中で、応益負担が当事者と家族に与えている影響をまとめ、市町村や都道府県に実態を伝えることが大切です。全国の市町村の中には、利用者負担を減らすために独自の軽減策を講じたところが二五〇ヵ所近くあります(〇六年五月現在)。その中には、人口規模がさほど大きくなく財政にゆとりが無いところも多数含まれています。

応益負担制度からくる矛盾を少しでも薄めていくために、市町村や都道府県に軽減策を求める取組みが非常に大切になっています。

Ⅲ．障害程度区分判定の仕組みはこうだ

1．障害程度区分ってなあに？

障害のある人が自立支援法の福祉サービスを利用するにあたっての入り口にある手続きが、障害程度区分の認定です。二〇〇三年にスタートした支援費制度においても、障害の状況を市町村の担当者が聞き取り調査を行い、一人ひとりのサービス支給量の目安を決める仕組みがありましたが、市町村によって障害の程度を決めるのにばらつきがあることが大きな課題となっていました。そこで自立支援法では、こうした問題を解決するために全国共通の基準で障害程度区分を決める仕組みが導入されたのです。これで本当に、必要な支援を受けることができるようになったのでしょうか。

2．申請から支給決定までの流れ

それでは、実際に障害福祉サービスを利用するためには、どのような手続きを行うことになるのか、

手続きの順を追って考えてみましょう。

①利用申請はいつからすればよいのか

【ホームヘルプ、デイサービス、グループホーム、ショートステイなどの場合】

現在の居宅支援事業であるホームヘルプ、デイサービス、グループホーム、ショートステイなどは、二〇〇六年一〇月にはすべての事業所が新しい事業体系に移るので、引き続きあるいは新しく利用する場合には、それまでに利用申請の手続きをする必要があります。

ただしデイサービスについては、児童デイサービスはこれまで通り継続しますが、成人のデイサービスは、一〇月以降はなくなります。現在、利用しているデイサービス事業所が一〇月からどのような形で継続するか、利用申請をどのようにすればよいかなどをよく事業所と相談してください。

【通所施設や入所施設の場合】

通所施設や入所施設は、二〇〇六年一〇月から五年の間に新しい事業に移行しますが、それまでは現在の支援費制度の利用を続けることになります。一〇月に新事業へ移行する施設を利用する場合はそれまでに申請手続きが必要ですから、事業所とよく相談してください。

「今まで通り施設を利用できるのだろうか」という不安が出されていますが、現在の利用者は事業所が移行した時点から五年間は同じ所を継続して利用できるという経過措置があります。ただし、その後は障害程度区分の結果によっては利用できなくなる可能性があります。

【その他、市町村が実施する事業の場合】

地域活動支援事業として市町村が実施する地域活動支援センターや移動支援事業、コミュニケーション事業などは、その申請方法や時期は市町村が示すことになっています。

②市町村に申請書を出します

まず、市町村の障害者福祉の窓口か、市町村が委託している相談支援センターに行きましょう。そこで、自分がどのようなサービスを利用したいかを申し出て、それが自立支援法によるサービスならば、「利用申請書」に必要事項を記入して市町村の窓口に提出します。代理者による申請も可能です。利用するサービスの内容によって、申請の仕方や時期が変わりますので、市町村の窓口とよく相談することが重要です。

③認定調査員が訪問

利用申請書を受け取った市町村は、聞き取り調査のために認定調査員を派遣します。一般的には役所のケースワーカーや保健師など、障害のある人たちにかかわる仕事を担当している職員が担当しますが、市町村が地域生活支援センターなどの相談支援事業者に委託した場合は、そこの相談員等が訪問します。認定調査員にはマニュアル通りの聞き取りに終始するのではなく、当事者の暮らしの実態を調査結果に反映する力が求められますので、当事者や家族からもしっかりと意見や希望を述べましょう。

④聞き取りは「一〇六項目」と「特記事項」と「概況調査」

認定調査員から「一〇六の項目」について、聞き取り調査が行われます。聞き取りは約一時間程度が想定されています。ひとつの質問に対し三〜四つの回答項目があり、そこからひとつを選んで答えます。

この一〇六項目だけでは把握しきれない本人の状況を「特記事項」に書きます。日常の暮らしの中での不自由や問題点を具体的に伝え、特記事項に書いてもらうことが必要です。事前に、どのようなことで日常生活に困難さを抱えているかをメモにしておくといいでしょう。この特記事項に書かれていることが、障害程度区分を決めるうえではかなり重要になります。

また、その他の調査項目として「概況調査」という用紙があり、障害種別・等級、利用しているサービスの種類と量、就労の経験や希望、介護者の状況、居住の状況などについて調査員が聞き取って、記入します。

⑤一次判定

聞き取り調査の結果がコンピュータに入力されて自動的に障害程度区分の一次判定が出されます。障害程度区分は六段階に分かれていて、軽いほうから区分1、区分2となり区分6が最重度です。なお、支援の度合いが極めて低い場合は、障害程度区分の「非該当」という判定になります。

以上②~⑤は、自立支援法の個別給付を受ける人の共通の流れですが、ここからあとは、利用するサービスが介護給付の場合と訓練等給付の場合の二つの流れに分かれます。

※介護給付は⑥へ

「介護給付」というのは自立支援法で決められた呼び方で、具体的には次のようなサービスを指します。

施設支援：生活介護事業、療養介護事業

居住支援：ケアホーム

居宅支援：ホームヘルプ、重度訪問介護、行動援護、施設入所支援、ショートステイ、重度包括支援、児童デイサービス

※訓練等給付は⑧へ

「訓練等給付」も同じく自立支援法で決められた呼び方で、具体的なサービスは次の通りです。

施設支援：就労移行支援事業、就労継続支援事業、自立訓練事業
居住支援：グループホーム

⑥審査会による二次判定

市町村は、一次判定の結果と特記事項、医師の意見書などをそろえ、「市町村審査会」に審査判定を依頼し、そこで二次判定が行われます。審査会が必要と認めた場合は、当事者、その家族、医師、その他の関係者に意見を求めることができることになっています。検討の結果、一次判定が適当であれば障害程度区分として決定されますし、適当でなければ一次判定を修正して区分を決めます。必要があれば再調査を行います。

市町村はこの審査会の検討結果をもとに、障害程度区分を決めます。審査会の結果は、市町村を通じて本人に通知されます。

ここで、市町村審査会について説明しておきましょう。審査会は、市町村単位あるいはいくつかの市町村にまたがっても設置できます。五人程度の審査員で合議体と呼ばれる検討のグループをつくり、原則非公開で話し合われます。審査員は、障害のある人たちの実情をよくわかっている者で、中立かつ公正な立場で審査を行える人を市町村長が任命します。

審査会には、障害のある当事者で「有識者」として適切な者がいればできるだけ委員に入れるよう

にという方向を国は示しています。ですからこのことを市町村にも話して、委員に当事者を入れるよう求めていきましょう。障害のある人の暮らしの実態を審査会での検討に反映するためには大切なことです。

また、例えば特記事項や医師の意見書などに書かれていることが、一次判定の聞き取り項目にある場合は、判定を見直す理由にはなりません。同じように、すでに一次判定で考慮された聞き取り項目の結果を理由にして、判定が変わることもありません。つまり、特記事項や医師の意見書が二次判定で取り上げられるためには、こちらから積極的に働きかけ、よほど独自の内容を書いてもらうような構えがないと、一次判定の結果が二次判定で変わることはないようです。

⑦再調査・不服審査について

市町村が決定した障害程度区分の結果に納得ができない場合は、市町村に「再調査」を求めることができます。「再調査」の結果についても納得できない場合は、都道府県が設置する「障害者介護給付等不服審査会」に審査請求することができます。この審査請求（不服申し立て）は、決定が通知された日から六〇日以内とされています。ただし、二次判定の認定結果に対する疑問等は、結果を通知した市町村に申し出て、市町村が対応することを原則としています。手続きなどの面で面倒な気がしますが、非常に重要な制度であり、納得がいかない場合は積極的に活用すべきです。

⑧サービス利用の意向の聞き取り

市町村は、障害程度区分判定の通知をうけた申請者（当事者、家族）に実際にどのサービスを利用したいのかという意向を聞くことになっています。

ここでは「～という施設に通いたい」「～のグループホームを利用したい」というように利用したい事業所の名前を答えることもあるでしょうし、また「昼間は働いて、家に帰ってからはホームヘルプを利用したい」「ケアホームから施設に通いたい」というように希望する暮らしのスタイルを答える場合もあるでしょう。いずれにしてもサービス利用計画を作るための大切な過程ですから、希望する事業を明確に述べるべきです。

そうはいっても、意向がはっきりしないこともありますし、また精神障害のある人は状態に波があるため、一回の聞き取りだけでは、十分意向を伝えることができない場合もあります。ですから必要であれば、例えば作業所の職員など、普段から利用者本人のことをよく知っている人に立ち会ってもらってはどうでしょうか。

⑨支給決定案の作成

次に、市町村は当事者がどういったサービスをどれぐらい利用できるのかを決めます。これを支給決定といい、まずはその案を作成します。市町村の担当者は、障害程度区分と申請者のサービス利用意向だけではなく、介護者の状況等についても十分に検討し、支給決定案を作ることになっています。

支給決定案が市町村の定める支給基準とあまりに離れている場合等には、市町村は市町村審査会に意見を求めることができます。この場合、審査会は当事者や家族等の意見を聞くことができることになっていますので、発言する機会を求めていくことも大切です。

⑩支給決定と支給決定通知、不服申し立て

市町村審査会の意見等を踏まえて、市町村は正式な支給決定をおこないます。その時には本人の状況だけではなく、介護者の状況や現在どんな支援を利用しているか、社会参加の状況はどうなっているかといったことについても反映することになっています。この趣旨をしっかり踏まえた支給決定になっているかどうかを点検することが大切です。支給決定に満足できないときには、都道府県に不服を申し立てることができます。

また、訓練等給付を希望する場合は、上記⑧⑨を経て、本人の希望を尊重し、暫定的に支給決定を行ったうえで、実際にサービスを利用した結果を踏まえて正式な支給・期間の決定をおこないます。サービスを利用してみて、明らかに本人に適合しない場合を除き、基本的には訓練等給付を希望する方には、支給決定がなされることになっています。

障害程度区分の有効期間は、原則として三年です。ただし、身体的又は精神的障害によって程度が変わりやすいと考えられる場合や、施設から在宅に移るなど、おかれている環境が大きく変化する場合、その他審査会が必要と認める場合などには、有効期間を三ヵ月から三年の範囲内で短縮できます。

3．障害程度区分の調査項目とは

調査項目は次の九種類から構成されており、合計一〇六項目あります。

(1) 麻痺・拘縮に関連する事項
(2) 移動等に関連する事項
(3) 複雑な動作等に関連する事項
(4) 特別な介護等に関連する事項
(5) 身の回りの世話等に関連する事項
(6) コミュニケーション等に関連する事項
(7) 行動障害に関連する事項
(8) 特別な医療に関連する事項
(9) 社会生活に関連する事項

具体的な質問事項と回答項目は、たとえば次のようなものです。
※質問事項　寝返りについて、あてはまる番号に一つだけ○印をつけてください
※回答項目　1．つかまらないでできる
　　　　　　2．何かにつかまればできる
　　　　　　3．できない
※質問事項　金銭管理について、あてはまる番号に一つだけ○印をつけてください
※回答項目　1．できる
　　　　　　2．一部介助
　　　　　　3．全介助
※質問、回答項目
行動についてあてはまる番号に一つだけ○印をつけてください
ア．物を盗られたなどと被害的になることが　1．ない　2．ときどきある　3．ある
イ．作話をし周囲にいいふらすことが　　　　1．ない　2．ときどきある　3．ある

認定調査員は、質問に対する本人や家族の答えを、認定調査マニュアルに書かれた基準に従って判断し、回答項目を選択しますが、この調査は、原則一回限りです。認定調査に応じない場合は「申請

却下」という措置もあり、サービス利用が受けられなくなる場合もあります。また、質問事項によっては、本人を無用に傷つけてしまうような項目もありますので、本人にこの調査の意味をよく理解してもらうと同時に、調査員の質問の仕方等にも特別な配慮が必要となります。

4. 障害程度区分の二つの問題点

第一の問題点は、身体障害の場合は比較的妥当性が高いとされていますが、知的障害や精神障害の場合には実際の障害程度よりもかなり軽く出るということです。二〇〇五年六月から全国六〇の市町村において、一八〇〇人を対象に厚労省が障害程度区分判定の試行事業を実施しましたが、介護保険の認定項目をそのまま用いたため障害の状況が正しく反映されませんでした。そこで障害の特性を踏まえた項目を追加したところ、確かに「非該当」は減少したものの、やはり身体的な条件にかたよった結果となり、知的障害や精神障害の状況は十分に反映されないままでした。

社会への参加、地域での自立をめざす障害のある人への支援の基準が、高齢者支援の基本的な考え方となっている「室内での衣食住の基本動作への介護」に限定したものであってはなりません。知的・精神などさまざまな障害の特性を踏まえ、一人ひとりが必要な支援を受けることができるように、障害程度区分を改善することが必要です。

表４　障害程度区分と利用できる福祉サービス（○印は利用可、それ以外は不可）

	非該当	区分１	区分２	区分３	区分４	区分５	区分６
療養介護						○	○
生活介護			50歳以上 ○	○	○	○	○
就労移行・継続	市町村の判断で○	区分の結果は問われない					
施設入所支援				50歳以上 ○	○	○	○
共同生活援助（グループホーム）	市町村の判断で○	区分の結果は問われない					
共同生活介護（ケアホーム）			○	○	○	○	○
短期入所		○	○	○	○	○	○
ホームヘルプ		○	○	○	○	○	○
行動援護（注１）				○	○	○	○
重度障害者等訪問介護（注２）					○	○	○
重度障害者等包括支援（注３）							○

注１　行動関連項目の合計点１０点以上のもの
注２　二肢以上に麻痺あり、認定項目のうち歩行・移乗・排尿・排便がいずれも「できる」以外のもの
注３　四肢に麻痺があり呼吸管理がいるもの または最重度知的障害、行動関連項目 15 点以上のもの

第二の問題点は、障害程度区分の結果がそのまま利用できるサービスを限定させてしまう可能性があるという点です。

介護給付という枠組みに入る事業は、表で示したように、障害程度区分によって利用できるかどうかが決ります。これまで利用できていたものが、障害程度区分の結果で利用できなくなるということになれば、障害程度区分のねらいが福祉サービスの利用対象をふるいにかけるためであったと言わざるを得ません。自立支援法の成立過程で、「現在の水準を引き下げるようなことはありません」と明言した尾辻厚労大臣（当時）の言葉が空しく思い起

こされます。

以上のような問題点を改善させるための運動を進めることが重要なのは言うまでもありませんが、これだけを改善するということでは不十分であることもおさえておかねばなりません。つまり、障害程度区分が高くなれば、これに連動して応益負担も増えることになります。ですから、障害のある人びとを真に守っていくためには、障害程度区分の問題については応益負担制度と一体化してとらえることで、初めて本当の解決策が見えてくるのです。

5．障害程度区分の聞き取り調査にのぞむにあたって

（1）一人で調査にのぞまない

聞き取り調査には、利用者本人だけでなく、介護者・家族・施設職員など、日ごろの状況をよく知っている人にも必ず同席してもらい、できるだけ障害や生活の実態が反映されるようにしましょう。聞き取りの場所は、必ずしも自宅ではなくて作業所や病院などでもかまいません。本人がリラックスできる場所が望ましいでしょう。

（2）「できます」と答えるのは慎重に

こういう聞き取り調査ではつい「できます」と答えたくなるものですが、ここは慎重に答えてくだ

さい。「できる」と思っている行為の中にも、ある時は一人でできるけれども、別の時には支援が必要だということが、意外とたくさんあるものです。ですから「こういう時にはできるけれども、こんな場合には支援が必要」というように、「でき方」を詳しく話して、特記事項などに書いてもらいましょう。

(3) 納得できないときは不服申し立てを

障害程度区分の結果に納得できない時は、不服申し立てをしましょう。わずらわしい手続きですが、生活の実態を改めて伝え、適切な区分に変えさせるために積極的に活用するべきです。また、この不服申し立ての件数が増えることで、障害程度区分の審査も慎重にならざるを得なくなることでしょう。

Ⅳ．新事業への移行にどうのぞむか

1．スクラップ アンド ビルドにどう対抗するのか

二〇〇四年一〇月一二日に社会保障審議会障害者部会で厚労省が示した「今後の障害保健福祉施策について（改革のグランドデザイン案）」は、これまでの障害保健福祉の考え方や仕組みをスクラップ（破壊）し、新たな考え方で仕組みも作り直す（ビルド）のだという意図が色濃く出ていました。まさにその通り、これまでの障害のある人への支援の仕組みは大きく変えられつつあります。しかし、これまでの障害のある人やその家族・関係者のさまざまな取り組みの中に、実践から生まれた知恵や工夫が蓄積されており、絶対に壊してはいけないものがあることをしっかりと押さえておく必要があります。そういうことを念頭に置きながら、新たな事業をみていくことにしましょう。

2．具体的な新事業体系のあらまし

障害保健福祉サービスの全体像については第Ⅰ章で触れられていますので、ここでは家で利用する

図６　訪問系サービスはこう変わる

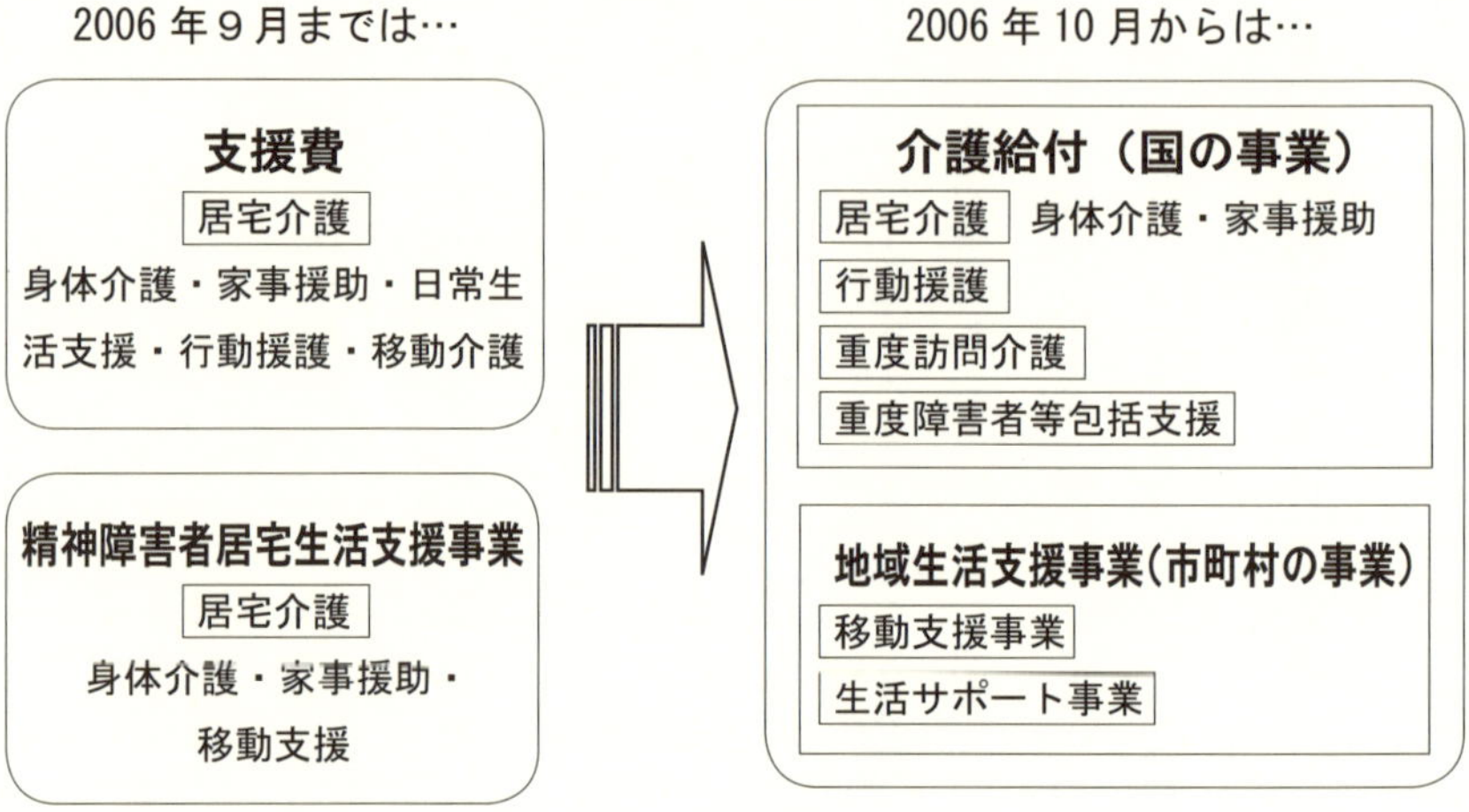

サービス（訪問系サービス）・住まいの提供などのサービス（居住系サービス）・通所で日中に利用するサービス（日中活動系サービス）・相談支援の四つの柱についてみていくことにしましょう。（カッコの中の表現は厚労省の資料によるものです）

（1）ホームヘルプサービスや移動支援はどうなるの～訪問系サービスの場合

（a）「ゲート」を通過しないと利用できない介護給付

訪問系のサービスは、図6のように変わります。それぞれの具体的な内容は後で述べますが、「二〇〇六年一〇月から」のところで「介護給付」という枠組みに入った事業は、障害程度区分が1以上にならないと利用できないという「ゲート」があります。また、「地域生活支援事業」という枠組みは市町村が行う事業になります。

①居宅介護（身体介護・家事援助）

これまでのホームヘルプサービスのことです。身体介護と家事援助は、「短時間の集中的な提供」とされており、一・五時間を基本にしています。この事業に従事する人は1級か2級のヘルパーとされており、3級のヘルパーが従事した場合にはサービス料が減算されることになっています。また、障害程度区分が認定されなかったために利用できない場合には、地域生活支援事業の中の生活サポート事業で「介護給付の支給決定が行われなかった場合に日常生活に関する支援や家事の支援を行う」とされています。しかし、地域生活支援事業の中でも必ず実施する事業には含まれていませんので、すべての地域でこのサービスが実施されるのか、今の段階ではよくわかりません。

②行動援護

利用できるのは知的障害や精神障害のある人で、「行動上著しい困難があって、常時介護が必要な人」とされています。障害程度区分3以上で、認定調査項目の行動関連項目一一項目の合計点が一〇点以上とされています。利用に際してはかなり狭いゲートが用意されており、厚労省は全国で三〇〇〇人の利用者しか見込んでいません。各県で六〇人から七〇人くらいの利用者だということです。また、かなり専門的なサービスですし、このサービスを提供できる事業者がどの位あるのかも気がかりなところです。

③重度訪問介護

利用できるのは重度の肢体不自由者で常時介護が必要な人で、二肢以上に麻痺があり、かつ歩行・移乗・排尿・排便のいずれもが「できる」以外に認定されていることとなっています。行動援護と同様に利用に際してはかなり狭き門で、全国で九〇〇〇人の利用見込みと示されています。

④重度障害者等包括支援

介護の必要の程度が著しく高い人とされており、程度区分6に該当し、意思疎通に著しい困難があり、四肢すべてに麻痺があり、寝たきりで、さらに気管切開を伴う呼吸管理、最重度知的障害か行動関連項目一五点以上と、これでもかというくらい利用に際してのハードルが高くなっています。全国で一〇〇〇人の利用見込みです。

これらの訪問系サービスは重度の障害のある人に配慮した報酬単価を設定したと説明されていますが、重度の範囲をかなり狭くして、対象になる人を絞り込んだものになっています。

また、応益負担はすでに四月から実施されていますので、「一割の利用料を払えないからホームヘルプの利用をやめた」というケースも出ています。生活に密着した支援だけに、利用抑制が日々の暮らしにどんな影響を及ぼすのか、気がかりです。それでも、九月までは「みなし期間」といって、これまでの利用者は希望すれば継続して利用できますが、一〇月以降は新しい障害程度区分が実施されるため、さらに利用できない人が出る可能性もあります。

(b) 地域生活支援事業に位置づけられた移動支援事業

移動支援事業は「地域生活支援事業」という枠組みになり、各市町村の判断で実施されることになりますが、次の三つのタイプが紹介されています。

①個別支援型
②グループ支援型―複数の障害のある人を同時に支援する
③車両移送型―福祉バス等の車両の巡回による送迎

これらの利用料は、各市町村や事業者の判断によるものとなります。地域生活支援事業には国の補助金が統合補助金として交付されるので、市町村によって格差が大きくなることが考えられます。

(c) 短期入所 (ショートステイ)

ショートステイも介護給付という枠組みに入っており、やはり障害程度区分というゲートがあります。家で介護をする人の病気やその他の理由で短期間の入所を必要とする人に入浴や排せつ、食事等の介護や日常生活上の支援を提供する事業です。これまでは、家族と同居の場合だけ利用できるようになっていましたが、一人で暮らしている人の利用もできるようになりました。緊急に利用することになった場合には、まずは利用し、後から認定調査を受けることも可能です。

ただし、日帰りのショートステイは、一〇月以降、国の制度としてはなくなります。市町村が行う地域生活支援事業の中の「児童タイムケア事業」「地域活動支援センター」などでおこなうことになっていますが、すべての市町村がこの事業を継続するかどうかはわかりません。日帰りショートステイは養護学校の長期休暇中などのニーズが非常に高いため、一〇月から突然なくなっては大変です。各市町村へ、継続して実施するよう働きかけることが必要です。

(2) 暮らしの場はどうなるの～居住系サービスの場合

自立支援法によって、暮らしの場は次のようになります。

介護給付　＊ケアホーム＊施設入所

訓練等給付　＊グループホーム

地域生活支援事業　＊福祉ホーム

このことを踏まえながら、それぞれの内容を見ていきましょう。

①共同生活介護（ケアホーム）

ケアホームは介護給付の事業として位置づいています。生活介護や就労継続支援等の日中活動を利用している知的障害や精神障害のある人で、食事や入浴等の介護や日常生活上の支援を必要とし、障害程度区分2以上である人が対象となっています。個室が原則となります。障害程度区分2以上というのは、実際にはかなり障害の重い人ということになると考えられます。

職員については、サービス管理責任者（入居者三〇人以下で一人）と世話人のほかに、入居者の程度区分によって生活支援員が配置できることになっています。ホームヘルプサービスを受ける場合には、事業者が自分の費用でやりなさいということになりました。

②共同生活援助（グループホーム）

グループホームは訓練等給付の事業と位置づいています。就労している人、または就労継続支援等の日中活動を利用している知的や精神の障害がある人が対象です。サービス管理責任者（入居者三〇人以下で一人）と世話人を配置することになっています。昼間の過ごし方は本人に決める権利があるはずですが、どこかに通えと言っています。

グループホームは生活の場ですから、そこでは一日の疲れをいやして明日への力をたくわえることが大切にされるべきです。少なくとも、これまでのグループホーム制度については、その制度創設時に「訓練」という考え方からは脱却し、住居施策に位置づけることにしたのです。そうでないと、一生涯訓練が付きまとうことになり、追い立てられるような人生が続くことになりかねません。知的障害のある人を対象としたグループホーム制度が出来上がったのは一九八九年度ですが、その前夜の格調高い議論を想起してほしいと思います。「グループホーム観」の変質の一点だけをみても、自立支援法は大きな罪をつくったのではないでしょうか。

③ケアホームとグループホームとの比較

ケアホームとグループホームは、それぞれ介護給付と訓練等給付という別々の枠組みに入っていますが、利用できる人は、障害程度区分が2以上であればケアホーム、区分1や非該当の場合にはグループホームと考えてもよさそうです。もう少し突っ込んで言うならば、障害程度区分2が一人以上であれば、後の入居者がグループホーム対象者であってもケアホームになれます。

世話人は、現在のグループホームのように一つのホームごとに配置するのではなく、ケアホームやグループホームを運営する事業者が、利用者一〇人または六人に対して一人を配置することに変わります。いいかえれば、一人の世話人がいくつかのホームを掛け持ちで担当することもあるのですから、支援が手薄になっていく感は否めません。

例えば、A法人では一一か所のグループホームに四六人の利用者が暮らしています。現在は一一か所に一人ずつの世話人が配置されていますが、二〇〇六年一〇月以降、グループホームに移行した場合は、一〇人か六人に一人の世話人しか配置されないことになるのです。

④施設入所支援

自立支援法ではこれまでの入所施設の考え方が大きく変わり、昼間の活動と夜の宿泊の部分を分けて考えることになります。

昼間は生活介護や自立訓練、就労移行支援を利用し、合わせて夜間に入浴や排泄、食事などの介護を必要とし、通所が困難な人が利用するとされています。居室の定員は四人以下とされていて、サービス管理責任者と生活支援員が配置されることになっています。施設に入所できるのは障害程度区分四以上の人で、かなり障害の重い人でないと入所できないということになります。現在入所施設を利用している人の中には障害程度区分3以下の人も多数おられますから、移行後五年間は経過的に入所を続けられますが、その後は退所をせまられる可能性があります。帰る場所のない利用者のことを考えると、障害程度区分結果を機械的に当てはめて、退所を迫ることがあってはなりません。

⑤福祉ホーム

福祉ホームは地域生活支援事業のその他の事業に位置づいていますが、国が必ず実施するとしているものではありません。

⑥特例？地域移行型ホーム

入所施設や病院の敷地内の住まいが、「地域移行型ホーム」という名称で認められてしまいました。①二年間の利用期間、②昼間は外部の活動を利用すること、③二〇人を限度とする生活の場であること（既存施設の転用の場合は限度二〇人、また都道府県が認めた場合は限度三〇人）、④居住サービスが不足する地域で、入所施設の定員や病床の定員を減少することが条件となっています。

精神障害のある人たちの中には、生活支援センターの窓から病棟が見えるだけで息苦しさを感じる人がいます。病院の敷地内に暮らすことは地域で暮らすことといえるのでしょうか。二年間の利用期間を経て、その人たちがどこで暮らすことになるのか、気がかりです。「とりあえず」とか「今よりましでは」などの上に、結果的に社会的入院政策や入所施設偏重政策を延命させてきたことを考えれば、なんとも辛い話です。はっきり言って、失策であり、自立支援法の基本理念とされてきた「地域生活への移行」がいかにいい加減なものか、厚労省の本性を垣間見る思いがします。

（3）日中に通所で利用するサービスはどうなるの〜日中活動系サービスの場合

日中通所で利用するサービスは、図7のように変わります。これらの事業を組み合わせて多機能型としていくことも可能です。国は、現在は一つの施設にさまざまな障害のある利用者が混在していて十分な機能が発揮できないので、これを整理していくとしていましたが、その考え方はどこかに消え

図７　日中活動系サービスはこう変わる

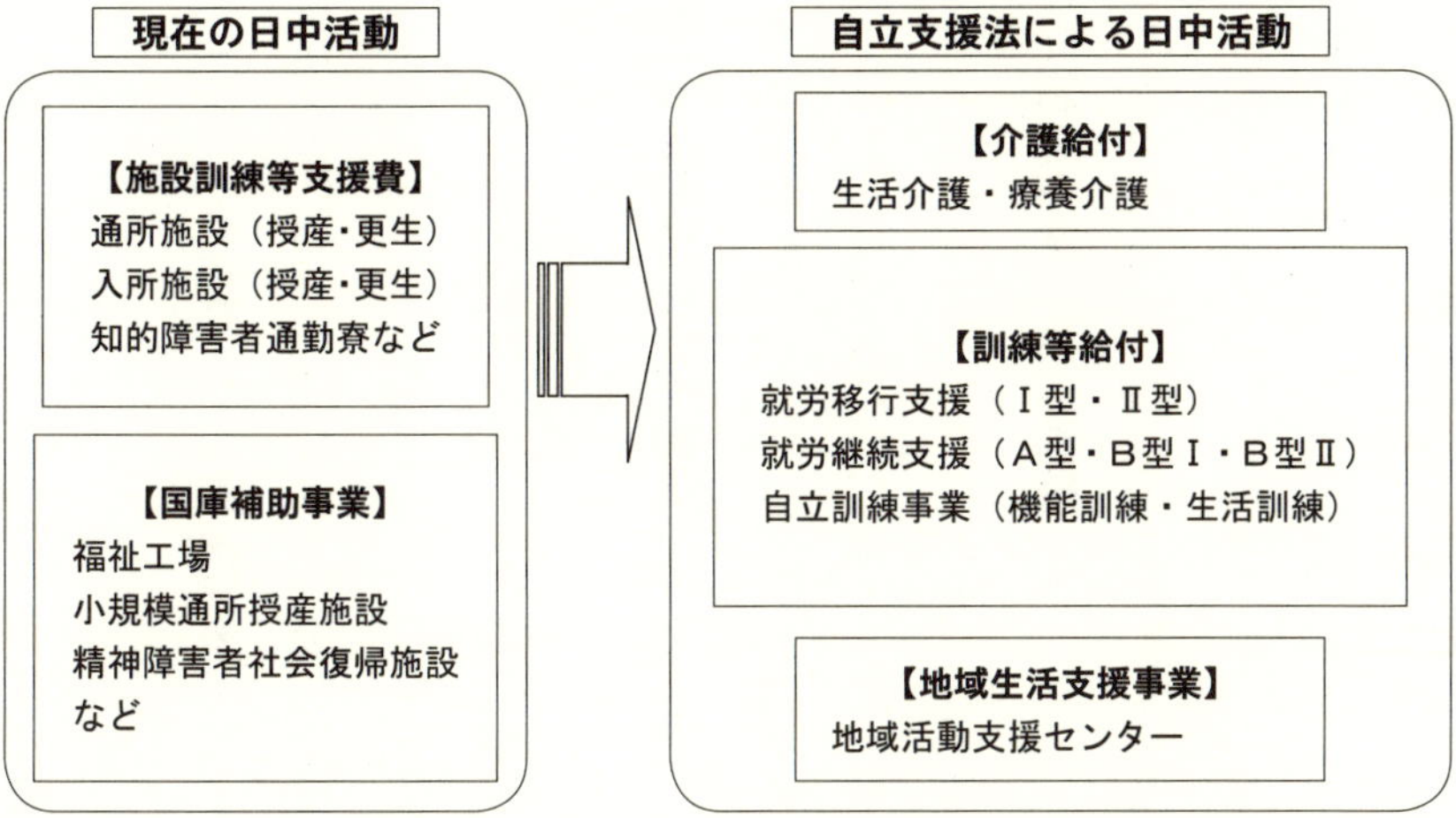

てしまったようです。

（ａ）ゲートを通過しないと利用できないもの〜「介護給付」という枠組みに入るもの

①生活介護

常時介護が必要な障害のある人で、食事・入浴・排泄等の介護、日常生活上の支援を行い、軽作業や創作的活動を行う事業とされています。利用者は障害程度区分３以上の人、五〇歳以上の人は障害程度区分２以上の人といわれています。「この施設でこの仕事をしたい」「この活動をやってみたい」と希望しても、障害程度区分の結果によっては利用できないということになります。

②療養介護

長期的に入院治療と常時介護が必要な障害のある人で、障害程度区分６で気管切開を伴う人工呼吸器をつけている人、障害程度区分５以上で筋ジストロフィー患者、重症心身障害のある人に対して、医療機関が行う支援です。

(b) 二つの訓練事業〜「訓練等給付」という枠組みに入るもの　その①

自立支援法の一つ特徴は、訓練して企業就労をすることを強調していることです。障害のある人にとって「訓練すれば働けるようになる」ということが過度に強調されることはふさわしくありません。しかし、自立支援法では三つの訓練事業が示され、他の事業に比べて、比較的高めの報酬単価が設定されています。これは、本人が支払う利用料も高くなるということを肝に銘じておきましょう。

①自立訓練事業（機能訓練）

標準訓練期間は一八ヵ月、対象は身体障害のある人です。入所施設や病院から退所・退院した人が地域生活に移行するため、盲・ろう・養護学校を卒業し身体機能の維持・回復のため、身体的なリハビリテーションを行う事業です。通所訓練と訪問による訓練を組み合わせて実施するものです。

②自立訓練事業（生活訓練）

標準訓練期間は二四ヵ月、対象は知的障害・精神障害のある人です。施設や病院を退所後、盲・ろう・養護学校を卒業し、地域生活への移行を図るために生活能力の維持向上などの支援を行うとされています。

（c）働いてもサービス料を徴収される就労支援～「訓練等給付」という枠組みに入るもの　その②

①国の目玉商品「就労移行支援事業」

国は「働く意欲のある障害者が働いていない」として、企業で就職できる障害のある人を施設から押し出すようにと言っています。この事業は概ね二年で企業就職に結びつけ、定着させることを目指します。具体的には、職場実習・求職活動支援・職場開拓・職場定着のための支援を行います。ある当事者がこんなことをつぶやいていました。「俺たちを訓練して企業で働けるようにできるなら、今までこんなに苦労してこなかったよね」。

②就労継続支援事業（A型）

従来の福祉工場の移行先といわれていますが、福祉工場とは似て非なるものです。雇用契約を結ぶところは同じですが、雇用契約を結ぶ一方で利用者としてみなされ、利用料がかかるという矛盾をはらんだ事業です。ただし、事業者が負担するならば、利用料徴収を行わなくてよいことになっています。利用年限はありません。

③就労継続支援事業（B型）

企業や就労継続支援事業のA型での就労経験があること、就労移行支援事業を利用したが雇用に結びつかなった人が対象とされています。就労に失敗した経験がなければ利用できないという、おかしな制度です。利用年限はありません。

図８

地域活動支援センターの各事業内容について（例）

※地域活動支援センター事業は、地域生活支援事業として位置づけられたものであるから、実際の地方交付税や国庫補助の要件、補助額については、実施主体である市町村が、地域の実情に応じて設定するものであり、本表の数字や要件は、市町村に置ける実施の目安として示しているものである。

Ⅰ型（国庫補助加算標準額 600 万円）

【Ⅰ型としての国庫補助対象事業】

○事業内容
専門職員（精神保健福祉士等）を配置し、医療、福祉及び地域の社会基盤との連携強化のための調整、地域住民ボランティア育成、障害に対する理解促進を図るための普及啓発

○職員配置
自治体の単独補助による事業の職員の他、１名以上を配置し、２名以上を常勤とする

○利用定員　実利用定員の概ね 20 名以上

○国庫補助加算標準額（案）
地方交付税による自治体補助に加え、600 万円を追加補助

※委託相談支援事業をあわせて実施することを必須条件とする（本補助の報酬対象外）

Ⅱ型（国庫補助加算標準額 300 万円）

【Ⅱ型としての国庫補助対象事業】

○事業内容
地域において就労が可能な在宅障害者を通所させ、機能訓練、社会適応訓練、入浴等のサービスを行うことにより、自立と生きがいを高める

○職員配置
自治体の単独補助による事業の職員の他、常勤１名以上を配置

○利用定員　実利用定員の概ね 15 名以上

○国庫補助加算標準額（案）
地方交付税による自治体補助に加え、300 万円を追加補助

※個別給付事業へ移行するための加算制度（200 万円／年、２年を限度）を用意

Ⅲ型（国庫補助加算標準額 150 万円）

【Ⅲ型としての国庫補助対象事業】

○事業内容
小規模作業所としての運営実績概ね５年以上

○職員配置
自治体の単独補助による事業の職員１名以上を常勤とする

○利用定員　実利用定員の概ね 10 名以上

○国庫補助加算標準額（案）
地方交付税による自治体補助に加え、150 万円を追加補助

※平成 18 年度に限り、実利用人員が５人以上 10 人未満の小規模作業所において、実利用人員の増加等地域活動支援センターへの移行計画を策定した場合、Ⅲ型を認める経過措置を設ける

地方交付税による自治体補助事業

○補助額　600 万円（平成 17 年４月障害福祉課調査による自治体補助の実績平均額）
○事業内容　創作的活動、生産活動、社会との交流の促進
○職員配置　２名以上とし、うち１名は専従とする
○利用定員等　特に規定なし

国庫補助の無い小規模作業所に対する自治体補助事業

（出典：厚労省資料より）

（d）認可施設を無認可並にしてしまう「地域活動支援センター」～「地域生活支援事業」という枠組みに入るもの　①

地域生活支援事業の一つに地域活動支援センターがあります。三つのタイプがモデルとして示され、Ⅰ型は市町村の相談支援事業の委託を受けることが設置の条件となっています。Ⅱ型・Ⅲ型が小規模作業所の移行先と想定されています。基礎的事業と機能強化事業の二階建てになっていて、基礎的事業とは創作的活動・生産的活動などを行うとされています。機能強化事業は、Ⅱ型が機能訓練・社会適応訓練・入浴等のサービスを実施すること、Ⅲ型は小規模作業所としての実績が概ね五年以上あることとなっています。

小規模作業所の移行先とされているものの、これを簡単に選択してよいのか迷うところです。基礎的事業は、補助基準額が六〇〇万円となっていますが、これはあくまで目安の金額です。財源としては従来の小規模作業所の補助金が想定されていますが、実際には市町村事業になることによって、従来、都道府県が小規模作業所に出していた補助金分が交付されなくなる可能性があります。また、Ⅰ型～Ⅲ型の機能強化事業の補助標準額(基準額とは表記していない)は六〇〇万円・三〇〇万円・一五〇万円となっていますが、これもあくまで目安の金額であり、最終的には市町村が額を決めます。

※二〇〇六年一〇月一日からの全面施行にあたり、地域活動支援センターの動向は大きく変わりました。詳しくは、きょうされんホームページやＫＳブックレット№８『それでもしたたかに』をご参照下さい。

つまり、かなり低劣な補助金であるにもかかわらず、地域活動支援センターは曲がりなりにも法内事業ですから「認可施設の無認可化」という事態をまねくことになるのです。ですから「小規模作業所や小規模通所授産施設だから地域活動支援センターに」と安易に考えるのは危険です。基本的には、介護給付や訓練等給付をめざすべきではないでしょうか。要するに、今般の自立支援法においては、最初の約束とは異なりまたもや問題解決が先送りされた感じです。

(e) 相談の場はどうなるの ～「地域生活支援事業」という枠組みに入るもの ②

相談活動は、一部の専門的な相談を除いて、すべて地域生活支援事業の中の相談支援事業として行うことが義務付けられました。市町村で相談にのれる体制を整え、地域自立支援協議会という定期的な協議の場が開かれることになります。市町村が直接行う場合と事業者に委託して行う場合があります。今後、相談活動はますます大切になりますから、市町村によって格差が生じたり、必要な相談を受けられないということがあってはいけません。

3. 注意！二〇〇六年九月三〇日でなくなってしまうもの

ガラガラポン！今まであったものが移行期間もなく、なくなっていきます。「そんなバカな」と思いますが、実際に九月三〇日でなくなるものがあります。

①精神障害者地域生活支援センター

精神障害者地域生活支援センターが新たに移行する事業として、先ほど触れた地域活動支援センターⅠ型が想定されています。ただ、市町村からの相談支援事業の委託がないと地域活動支援センターに移行できないので、すべての精神障害者地域生活支援センターが移行できるとは限りません。地域生活支援センターを自分の居場所にしていたり、職員の訪問で支えられていたり、多様な役割を果たしていた地域生活支援センターなので、なくなった場合にどうしようかと困る人が出てきそうです。地域活動支援センターのⅡ型への移行もありますが、この場合これまでの常勤三人体制を守れそうにありません。

②デイサービス

児童のデイサービスは介護給付の枠組みに残りますが、成人のデイサービスは九月まででなくなり、一〇月からは新事業のいずれかに移行する必要があります。利用申請のことや一〇月からの費用等、事業所に十分確かめてください。

③日帰りショートステイ

「訪問系サービス」のところで説明したとおりです。（56ページ参照）

4．障害福祉計画への参画とチェックを

（1）障害福祉計画の策定の協議会への参画

そろそろ障害福祉計画を作るための準備が、各市町村で始まります。この計画は今後五年間の各市町村での障害のある人への支援の水準を決める大切なものです。実態がきちんと反映されないと必要な支援やサービスが整備されない可能性があります。目に見えない実態の把握も含んで、計画がどのように進んでいるのかにまず関心を持ち、地域ごとに話し合いの場をもってください。

（2）移行調査は当事者・家族も参加して

二〇〇六年五月ごろから、各施設はどの事業に移行しようと考えているのか、調査が始まっています。この調査結果は市町村の障害福祉計画にも反映されますので、今後の障害のある人への支援の方向性を決める際に大きく影響します。

利用者・家族の立場から、必要な支援を受けることができるようにするという視点から、利用して

いる事業所に説明を求め、話し合いましょう。

(3) ニーズがあるのにこの地域にないものは何か

この機会に、自分の地域の支援体制について関係者で考えることが必要です。支援を必要としているのに、支援の手が届いていない人は身近にいませんか。こういう時ですから、周囲に目を向けてみて、どんな事業や支援体制が必要なのか考え、市町村の障害福祉計画にも反映しましょう。

5. 新事業移行に向けて考えなくてはいけないこと ～障害のある人やその家族の人たちに

(1) 相談できるところ・人をみつけてください

障害のある人について知識や情報を持っていてプライベートなことも話せる人、秘密を守ってもらえる人、そんな人が身近にいるでしょうか。市町村の職員やケースワーカー、もちろん施設の職員でもいいと思います。近くに地域生活支援センターはありませんか。生活全般にわたって理解してくれて、相談できる人を探してください。利用料負担の問題なども一人だけで抱え込まず、施設に通うのを辞める前に相談してみてください。相談するだけで心が軽くなり、解決の糸口が見出せる場合もあります。相談しても満足できないこともありますが、あきらめずに相談を続けてみてください。相談支援を行う職員を、本人や家族にとって役立つ人に育てていくことも大切なのです。

(2) まず必要なものを遠慮せず求めましょう

いつもお世話になっているから、断られたら困るから、施設や事業者、行政の人たちにどこか遠慮がちなところはありませんか。今、必要なのは「こんな支援が必要です」と訴えることです。利用している支援に納得できない点があれば、まず事業所の職員と話し合い、それでも納得できなければ、市町村の担当者や保健センターの保健師、地域生活支援センターの職員に相談してみてください。もちろんすぐには解決しないこともあると思いますが、今のような変化のときには重要なことです。

(3) 障害の違いを越えて地域の人たちとつながってみましょう

「私の家が一番大変で苦労も多い」「私の障害は誰にも理解されない」などと思うこともあるでしょう。でも、いろいろな障害の人たちがいて、それぞれにさまざまな工夫をしながら生きています。一緒に考えられることもあるはずです。身近な地域で障害を越えたつながりを作ってください。つながりができることで、人は強くなります。不思議ですが互いに力をつけあうのです。英語ではエンパワメントと言うそうです。自立支援法の改善・改正に向けても、とても重要なことです。

（4）社会に向けて発信してみませんか

障害のことは、なかなかテレビや新聞で取り上げられませんし、地域の人たちは意外と障害のある人の暮らしや仕事について知りません。自立支援法の問題も知らないものです。この法の問題点をまず身近な人に知ってもらって、協力者になっていただきませんか。障害があるということがどんなことなのか、もっと多くの人たちに知ってもらう必要があります。そして、私たちも高齢者や難病・職を失った人たち・家に引きこもっている人たち等々、地域にいるさまざまな課題を抱えた人たちのことを知る努力が必要です。

（5）地域のネットワークづくりを

事業所の経営も困難になる中で、新しい状況に立ち向かっていくのには、一個人・一施設・一法人では限界があります。その地域の支援体制のあるべき姿を地域の関係者と行政も交えて話し合うことが必要です。その中で、当事者・家族・関係者のそれぞれがどんな役割をになうのかなどを、ざっくばらんに話し合って、いっしょに考える場を作りましょう。障害や立場の違いを超えて、それぞれが苦しい立場に追い込まれていることを共感し、その根源がどこにあるのかをしっかり踏まえることが大切です。

Ⅴ．これだけは何としても改善を
～改善運動のための四つのポイント

1．応益負担はすべての矛盾の源

繰り返しますが、自立支援法の最大の問題点は応益負担です。他の問題点を多少、改善したとしても、応益負担がある限り矛盾は形を変えて現れるでしょう。改善運動の本丸がここにあることを常に忘れてはいけません。

2．競争主義・訓練主義は、障害のある人の豊かな人生とは両立しない

一般就労する当事者がたくさんいれば事業所への報酬が加算されます。グループホームから単身生活へ移った場合もそうです。このような加算（ごほうび）は、当事者を、豊かな人生とは程遠い、訓練と競争の中に投げ込むことにつながるのではないでしょうか。

3．実質的な障害福祉計画を

市町村がつくる障害福祉計画は、わが町の今後数年間の障害者福祉の水準を決める大切なプランです。当事者や家族、関係者が自分の問題として考え、積極的に発言しましょう。それが、よりよい計画に仕上げる最善の方法です。

4．社会資源の増大を何としてでも

どんなに制度を変えても、利用できる施設や事業所がなければ絵に描いた餅です。わが国の社会資源が不足していることは、厚労省も認める事実です。社会資源の整備は、期間を区切ってそのための特別な法律を作ってでも、今すぐに取組むべき課題です。

おわりに

四月になって自立支援法が施行され、「反対をしても、もうどうにもならない」というあきらめの気持ちが、当事者・関係者の間でも広がっています。このまま何もせず、制度を活用することが当たり前になるのかもしれません。また、作業所や施設をやめて家で過ごすことになっても、それなりに暮らしていくのかもしれません。今は大きな痛みだと感じていることも、時間とともに慣らされていくものなのでしょうか。

しかし確かなのは、その代わりに失うものは余りに大きいということです。ともに働く仲間たちとのつながりや、豊かな社会参加が奪われるということは、人間らしい生活を奪われるに等しいといってもいいでしょう。だから、私たちは今の痛みを忘れてはいけないのです。

自立支援法が施行されたからといって、障害のある人たちのニーズが変わったり、なくなったりしたわけではありません。自立支援法によって変わったことといえば、このニーズを実現するためのハードルが高くなったということでしょうか。人間としてごく当たり前の欲求や願いをかなえることを阻んでいるのであれば、たとえそれが法律であっても、改善を求めることは当然のことです。たとえ長い時間を要したとしても、あきらめることがあってはなりません。今はこの法律をよく学び、少しでも不利益を小さくするための方法を考えながら、一方で改善の方向を見定めることであり、あらためて力を蓄えることです。

展望が持ちづらくなっている今、障害のある人と家族のみなさんに、作業所や施設で働く職員や関係者のみなさんに、本書が少しでも役に立つことを願ってやみません。

なお、本書は自立支援法の中でも福祉サービスに限って取り上げました。自立支援医療や補装具については紙幅の都合上、今回は触れることができませんでしたので、別の機会にゆずりたいと思います。

きょうされん障害者自立支援法対策本部委員

○赤松　英知（第2つくしの里施設長、きょうされん常任理事）
　小野　浩（赤い屋根施設長、きょうされん東京支部事務局長）
　斉藤　なを子（社会福祉法人鴻沼福祉会常務理事、きょうされん常任理事）
　諏訪　元久（コムハウス施設長、きょうされん長野支部事務局長）
　多田　薫（きょうされん事務局長）
◎西村　直（社会福祉法人亀岡福祉会理事長、きょうされん理事長）
　藤井　克徳（社会福祉法人きょうされん常務理事、きょうされん常務理事）
　増田　一世（社団法人やどかりの里常務理事）
※◎は本部長、○は事務局長

〈KSブックレット№7〉
"障害者自立支援法" 緊急ブックレットシリーズ②
これだけは知っておかなきゃ——新制度のあらましと応益負担への対応

2006年　6月25日　初版第1刷
2007年　8月31日　初版第7刷

編　者　きょうされん障害者自立支援法対策本部

発行所　きょうされん
〒164-0011　東京都中野区中央5-41-18-5F
TEL 03-5385-2223　FAX 03-5385-2299
郵便振替　00130-6-26775
Email zenkoku@kyosaren.or.jp
URL http://www.kyosaren.or.jp/

発売元　萌文社（ほうぶんしゃ）
〒102-0071　東京都千代田区富士見1-2-32 東京ルーテルセンタービル202
TEL 03-3221-9008　FAX 03-3221-1038
郵便振替　00190-9-90471
Email hobunsya@mdn.ne.jp　URL http://www.hobunsya.com

版下／いりす　印刷・製本／モリモト印刷　装幀／レフ・デザイン工房

©Kyosaren. 2006. Printed in Japan
ISBN4-89491-109-4 C3036